KERAMIK ILLUSTRIEREN & DEKORIEREN

Patricia Lázaro

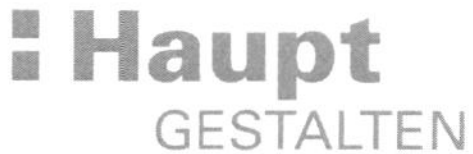

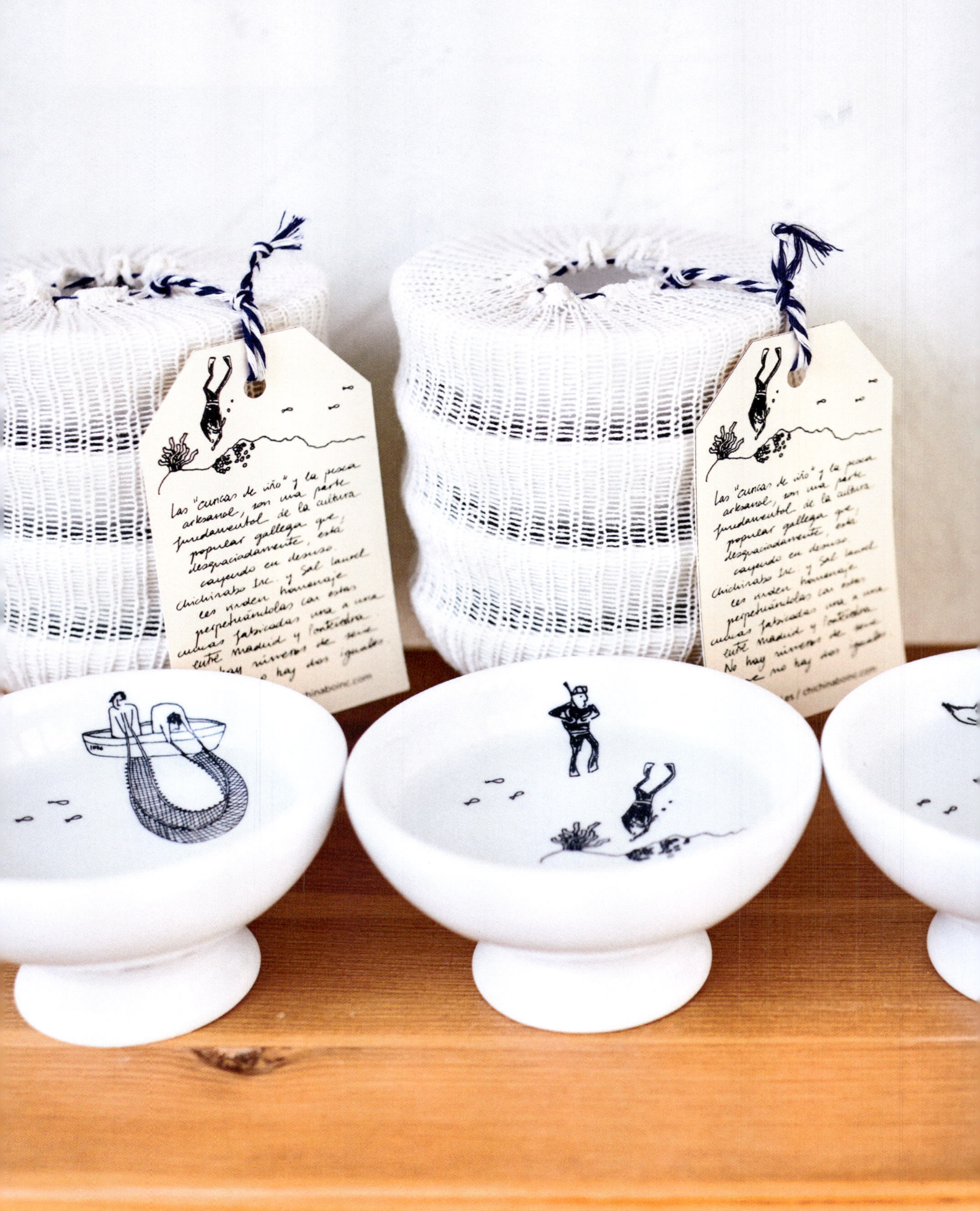
Las "cuncas de viño" y la pesca
artesanal, son una parte
fundamental de la cultura
popular gallega que,
desgraciadamente, está
cayendo en desuso.
Chichinabo Inc. y Sal Laurel
les rinden homenaje
perpetuándolas con estas
cuncas fabricadas una a una
entre Madrid y Pontevedra.
No hay números de serie
no hay dos iguales

KERAMIK ILLUSTRIEREN & DEKORIEREN

Patricia Lázaro

Mit keramischen Abziehbildern
zu individuellen Designs
auf Geschirr und Fliesen

Haupt Verlag

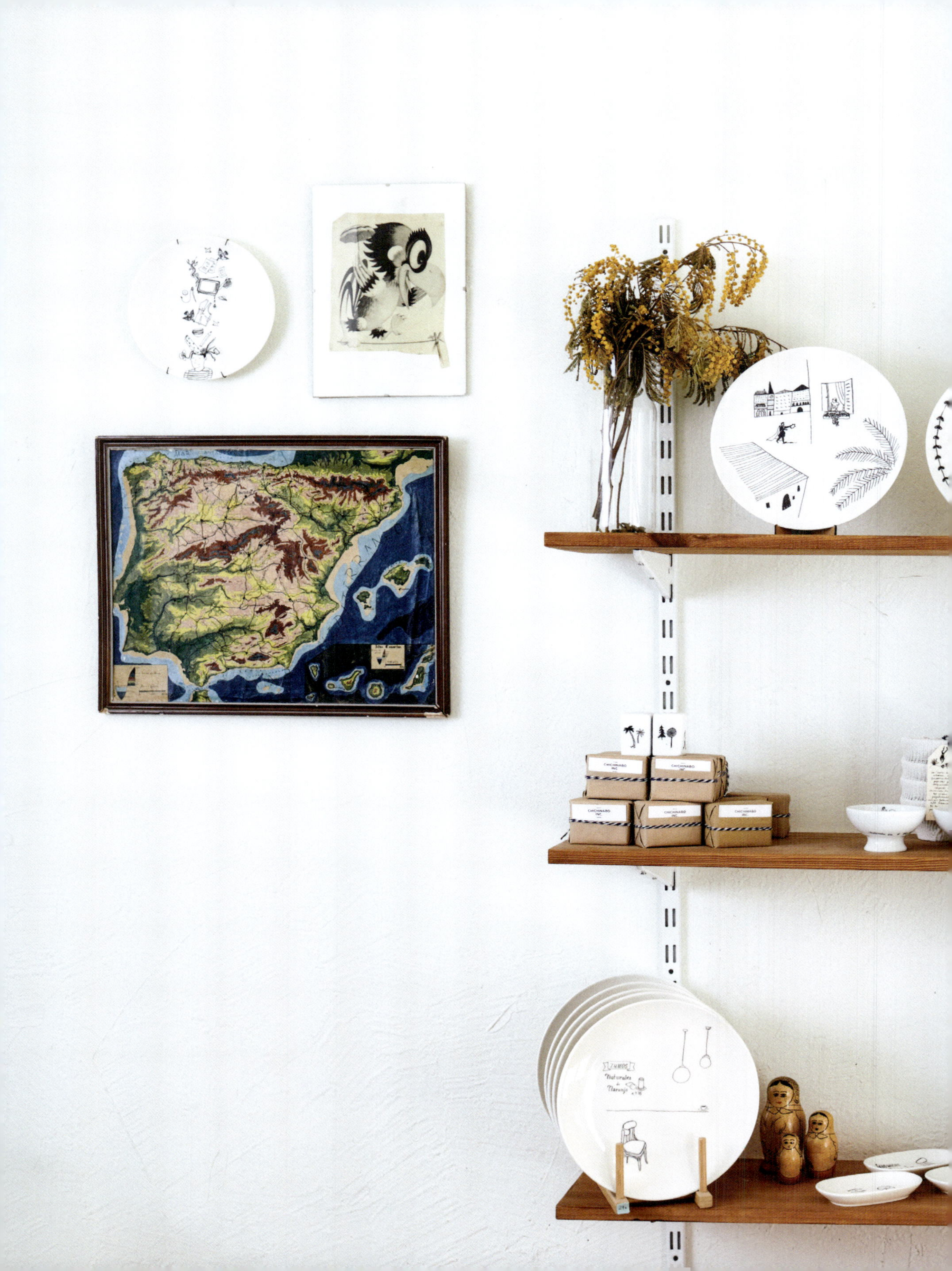

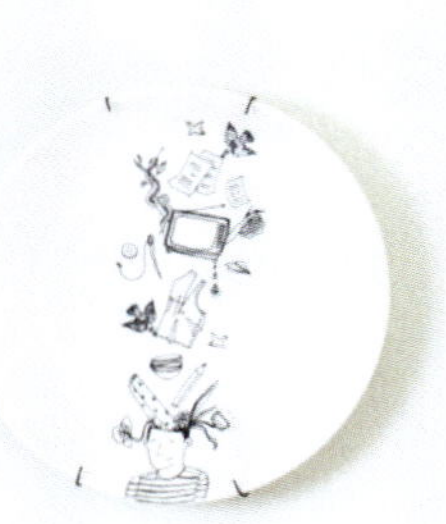

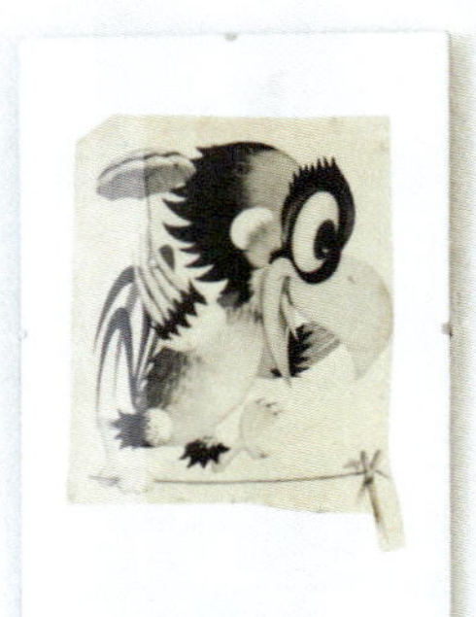

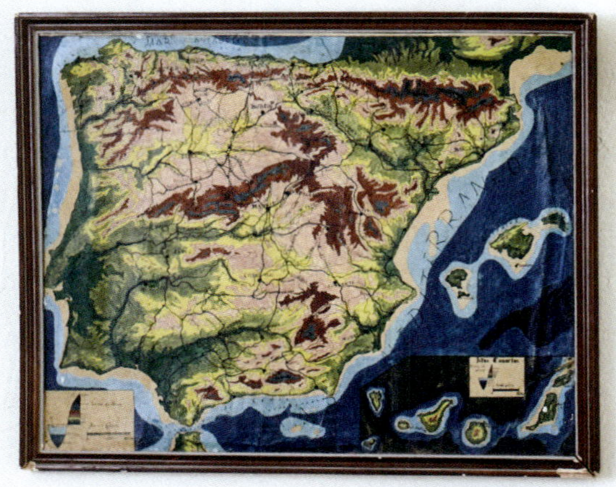

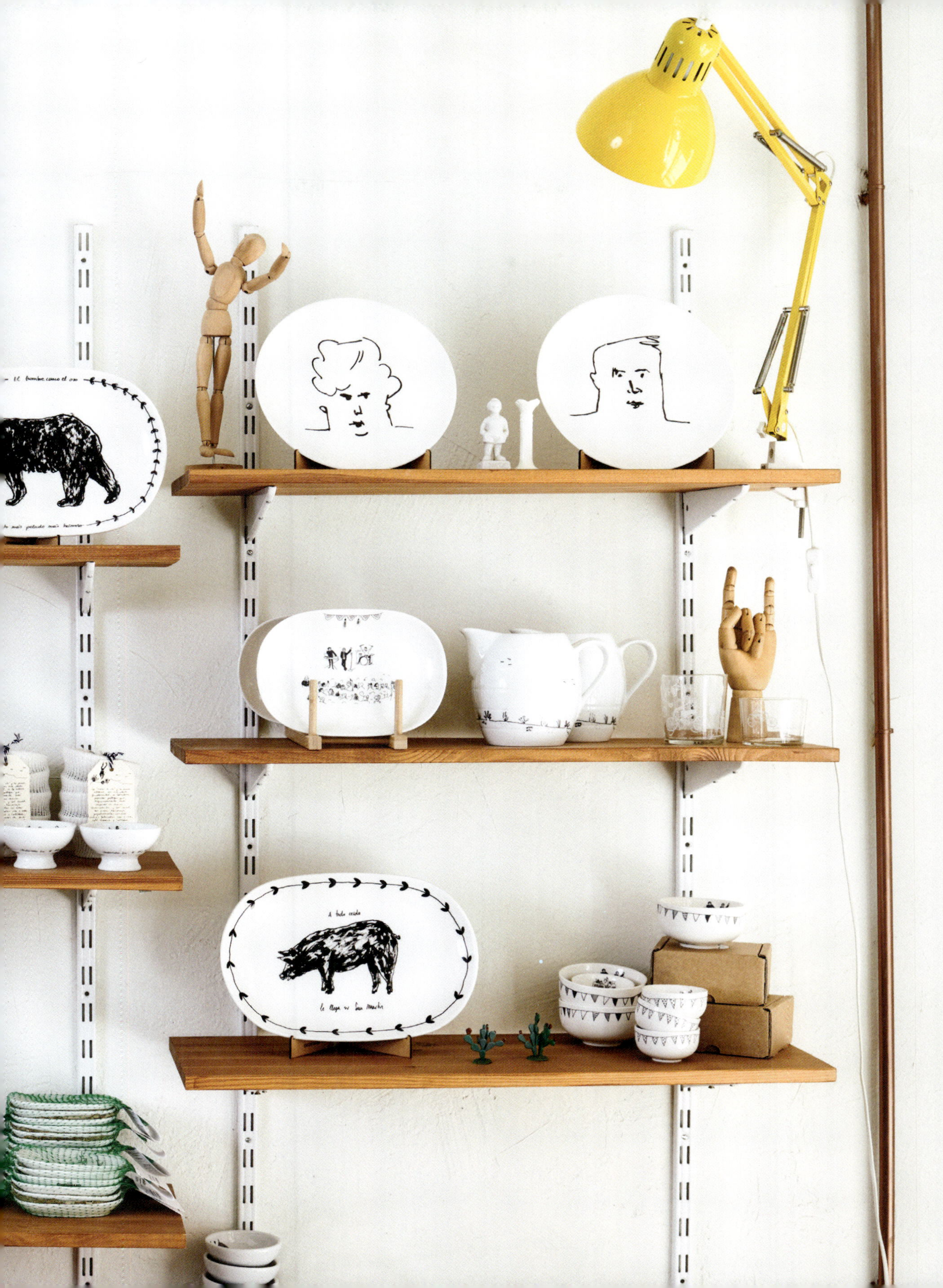
El hombre como el oso
más peludo más hermoso
A todo cerdo
le llega su San Martín

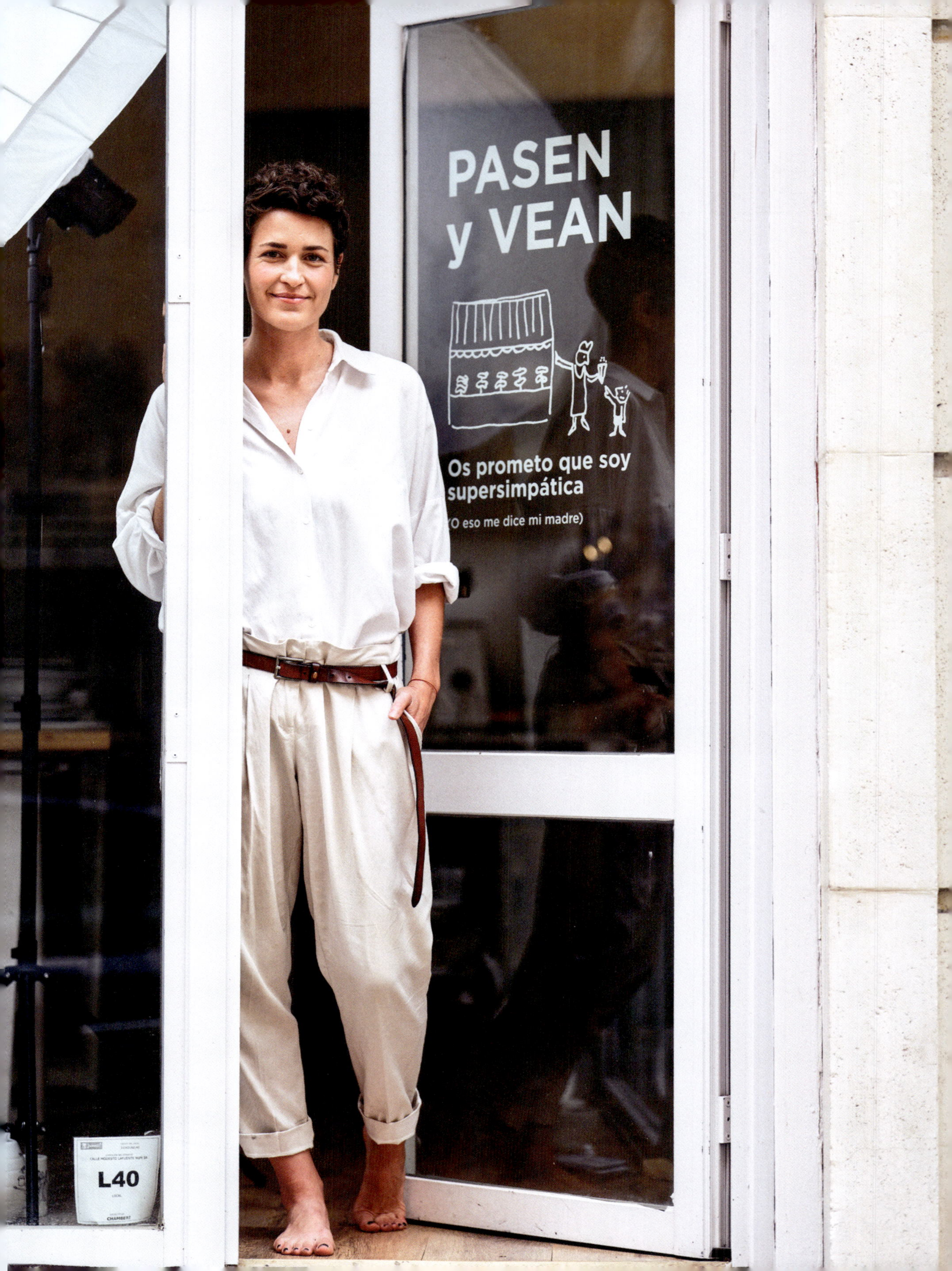

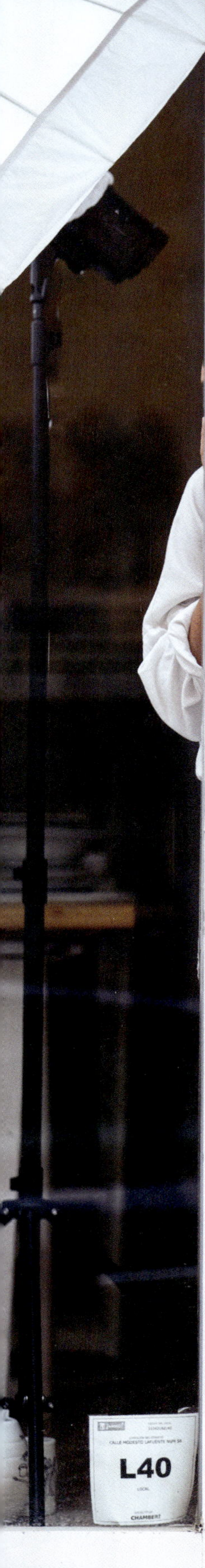
PASEN
y VEAN
Os prometo que soy
supersimpática
(O eso me dice mi madre)
L40

EIN PAAR WORTE ZU MIR

Hallo, ich bin Patricia Lázaro.

Ich sage immer, dass mich sämtliche Umwege, die ich jemals eingeschlagen habe, erst zu der Person gemacht haben, die ich heute bin. Das klingt einfach besser, als zuzugeben, dass ich oft gestolpert und auf die Nase gefallen bin, bis ich schließlich mein Unternehmen gründen konnte. Lange habe ich mich eher intuitiv zu kreativen Tätigkeiten hingezogen gefühlt, allerdings ohne nennenswerten Erfolg – zumindest empfand ich das so. Inzwischen ist mir jedoch bewusst, dass jeder Schritt auf meinem Weg notwendig und wichtig war.

Ich habe an der *Universidad Complutense* in Madrid meinen Studienabschluss in Werbung und Öffentlichkeitsarbeit (Public Relations) erworben. Anschließend studierte ich Modedesign am *Instituto Europeo di Design* und machte meinen Master in Textil- und Oberflächengestaltung.

Wie das Leben so spielt, habe ich dann 2011 das Unternehmen CHICHINABO Inc. gegründet, eine Marke für Keramik mit selbstgestalteten Motiven, die ich bis heute betreibe. Dabei entdeckte ich, dass ich zeichnen kann, hatte Gelegenheit, unglaublich interessante Menschen kennenzulernen, und durfte in Zeitschriften, die ich mir schon früher immer gekauft habe, Artikel über mich und meine Produkte lesen. Ich habe mich auf Straßenmärkten halb tot gefroren, bin viel herumgereist, habe bittere Tränen vergossen und gelernt, Motive blitzschnell auszuschneiden. Ich durfte mittlerweile sogar für die Hälfte aller spanischen Biermarken arbeiten. Ich habe meine Eltern, Freundinnen, Freunde und Partner immer wieder für ganz seltsame Dinge eingespannt. Ich war Influencerin, habe gelernt, den vorhandenen Platz besser zu nutzen als die Aufräum-Expertin Marie Kondo und durfte schon in Museen ausstellen. Und jetzt habe ich sogar ein Buch geschrieben! Ich hoffe, es gefällt Ihnen.

Links:
Patricia Lázaro vor ihrem Geschäft in Madrid. An ihrer Türe ist zu lesen: «Kommen Sie herein und sehen Sie sich um! Ich verspreche Ihnen, dass ich supersympathisch bin. (Das sagt zumindest meine Mutter.)»

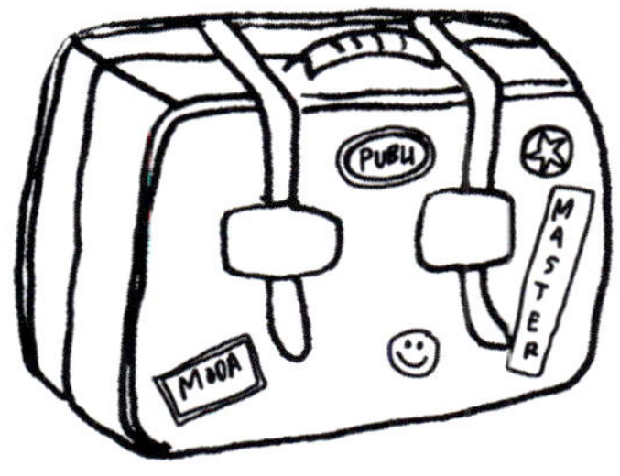

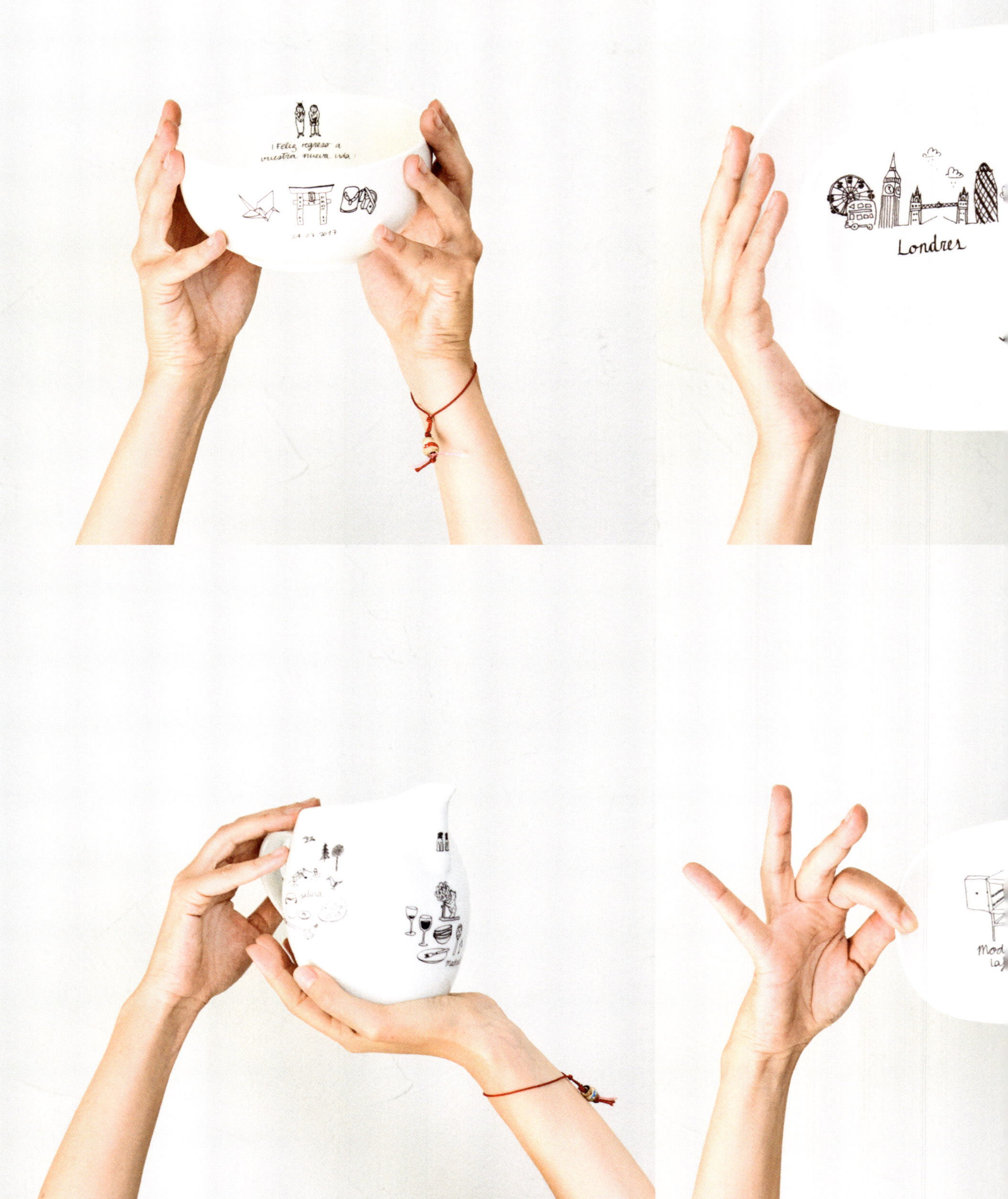
¡Feliz regreso a vuestra nueva vida!
24.07.2017
Londres

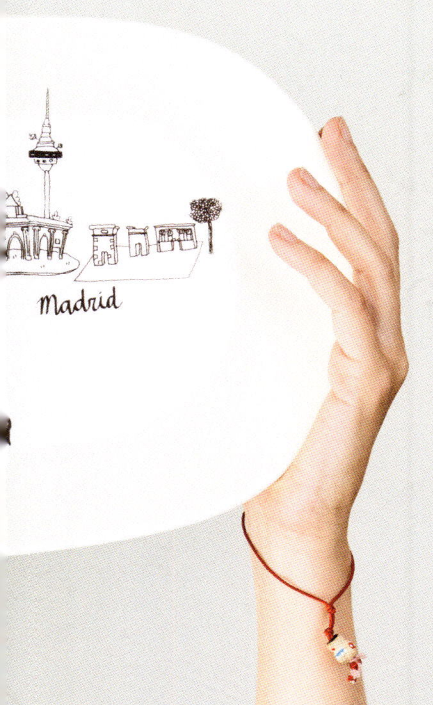
Madrid

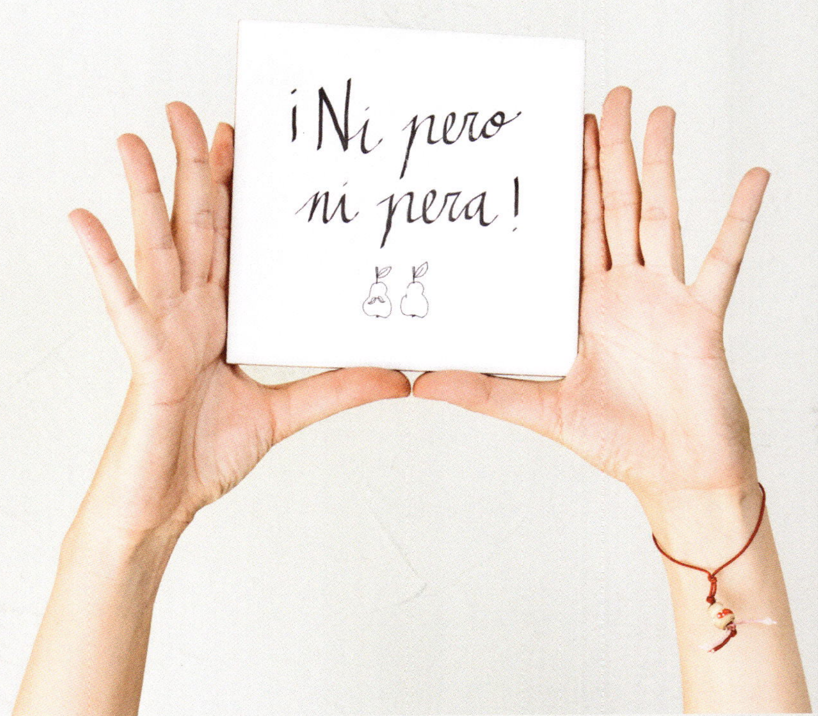
¡Ni pero
ni pera!

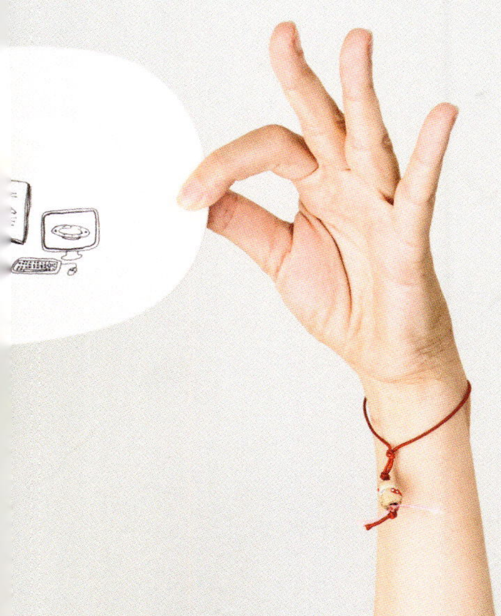

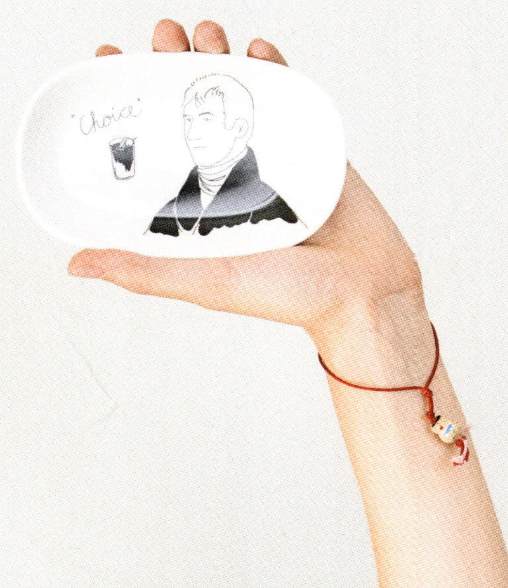
"Choice"

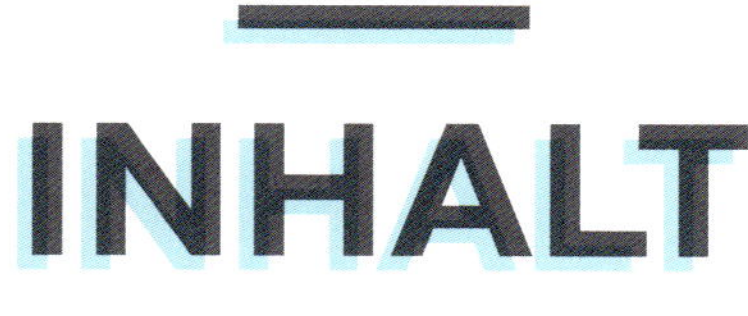

INHALT

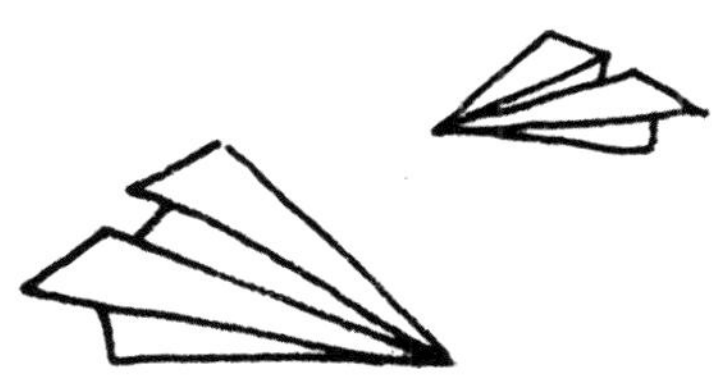

EINLEITUNG

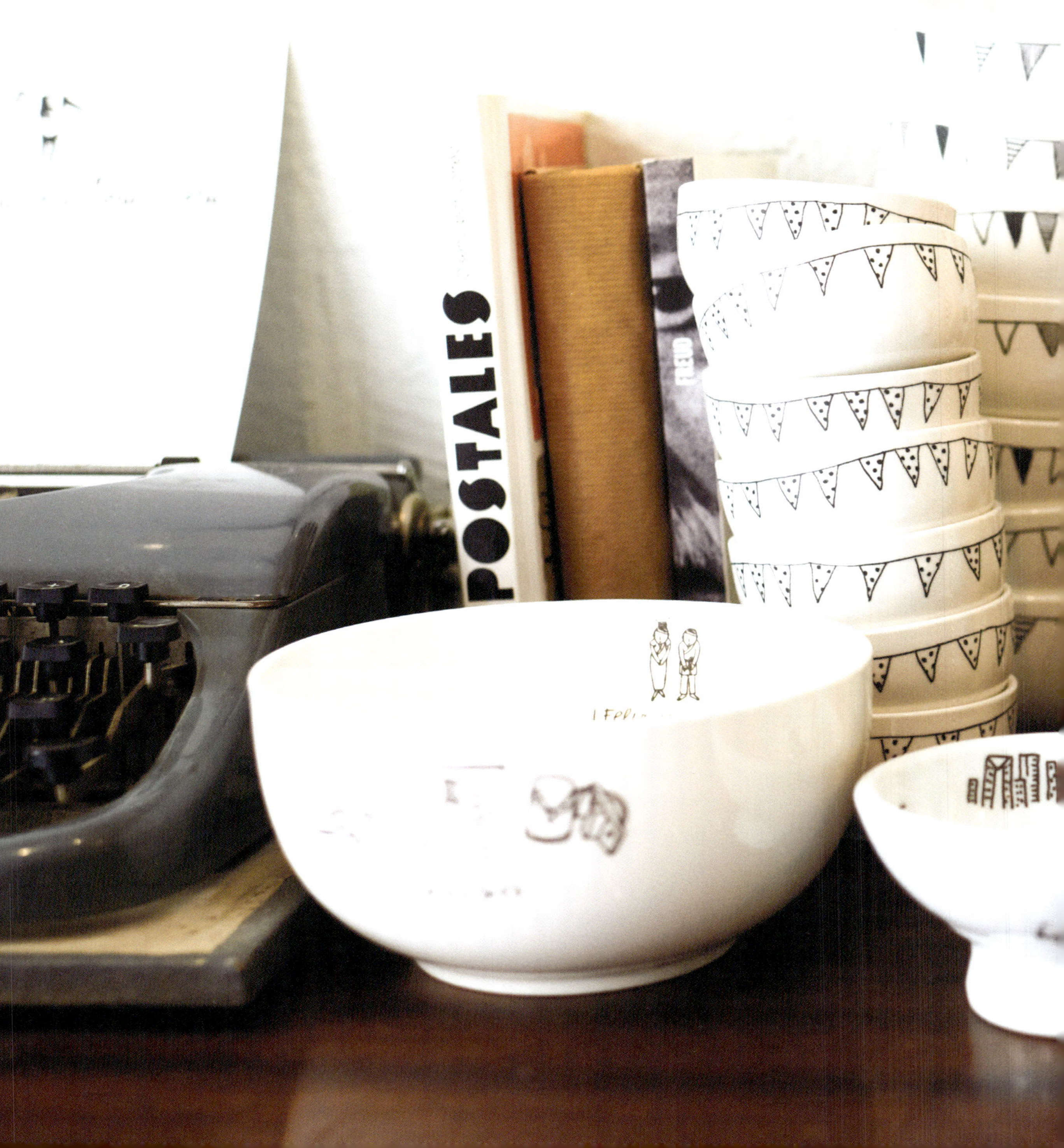

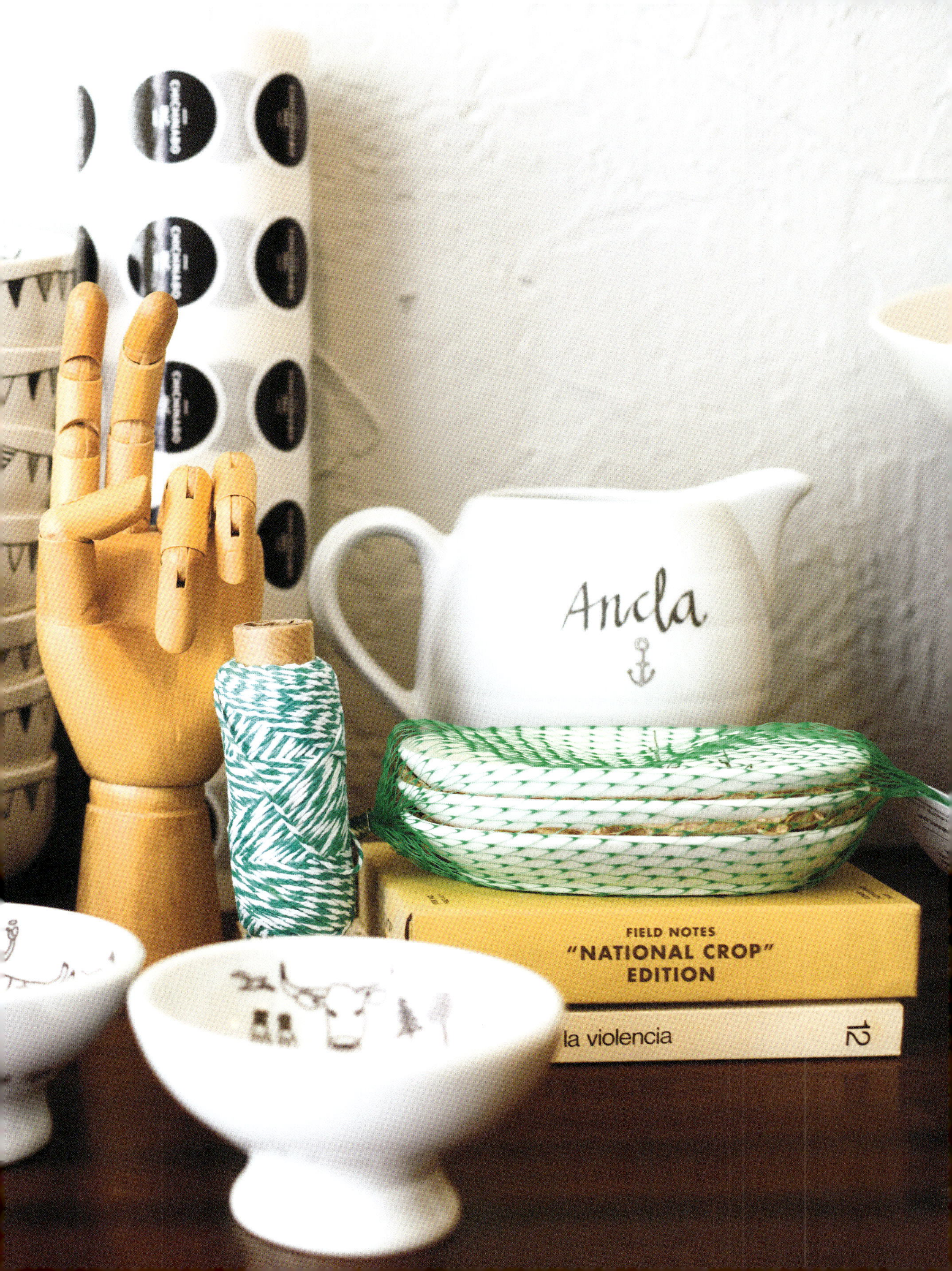

Ancla
FIELD NOTES
"NATIONAL CROP"
EDITION
la violencia
12

Für wen dieses Buch gedacht ist

Als ich mit meinen Aufzeichnungen begann, war eine der ersten Fragen, die sich mir (oder vielleicht dem Werbeprofi in mir) stellten, wer wohl ein solches Buch kaufen und was sich die Leserschaft davon versprechen würde. Daran wollte ich mich beim Schreiben orientieren.

Als ich angesichts dieser entscheidenden Frage in eine Schockstarre zu verfallen drohte, fielen mir die klugen Worte meiner Mutter ein: «Kind, wenn du etwas nicht weißt, dann frag einfach!» Also fragte ich mich selbst immer wieder, warum **ich** zu diesem Buch greifen würde. So kam ich schließlich auf vier Typen von potenziellen Leser:innen, zu denen Sie mit Sicherheit gehören:

1 Ich bin Keramikprofi und möchte diese Technik, mit der ich noch nicht vertraut bin, erlernen.

2 Ich bin Illustrator:in oder Künstler:in, ich zeichne hin und wieder und möchte meine Designs auf neuen Untergründen anwenden.

3 Ich habe keine Ahnung vom Zeichnen, aber ich bin mein langweiliges Geschirr leid.

4 Nichts davon trifft auf mich zu, aber ich bin mit der Autorin befreundet oder verwandt.

Ganz gleich, zu welcher dieser Kategorien Sie gehören:

Ich danke Ihnen! ☺
Dies ist IHR Buch.

Wenn Sie zu **Gruppe 1** gehören, kennen Sie vielleicht schon einige der Dinge, die ich hier erklären werde. Rechnen Sie sich zu **Gruppe 2**, haben Sie wahrscheinlich ganz spezifische Fragen, die mir überhaupt nicht in den Sinn gekommen sind. Mit diesem Buch will ich Ihnen aber das Handwerkszeug bieten, mit dem Sie selbst die entsprechenden Antworten finden können. Mir ist das jedenfalls so ergangen. Wenn Sie zu **Gruppe 3** gehören, haben Sie vielleicht noch ein wenig Angst vor der weißen Fläche. Mitglieder der **Gruppe 4** können gleich die Seite mit der Danksagung aufschlagen und den Rest des Buches ignorieren. Keine Sorge, ich werde nicht nach Details aus dem Inhalt fragen, wenn wir uns das nächste Mal treffen!

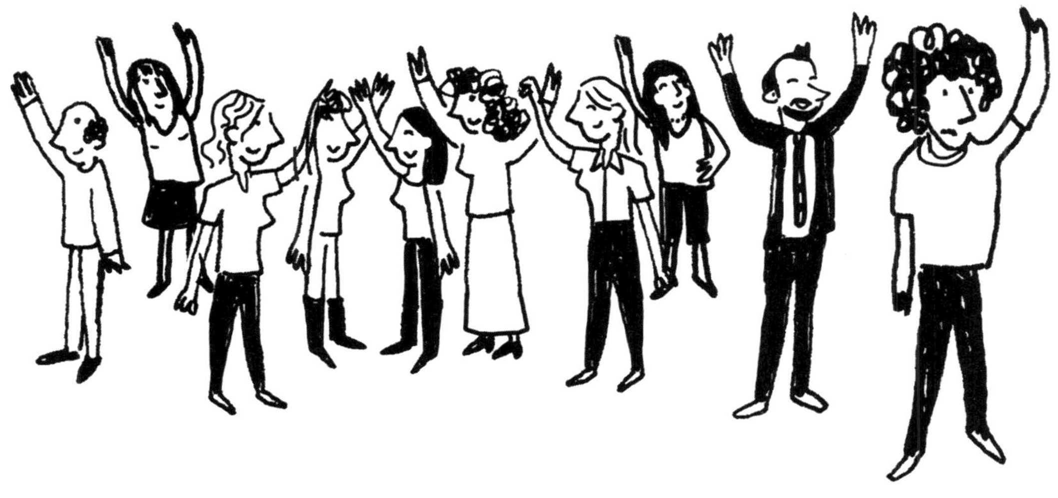

Worum es hier geht

In diesem Buch werde ich Ihnen zeigen, wie man Keramik mit Transfermotiven in Form von einbrennbaren keramischen Abziehbildern (auch Aufbrandbilder, Nassschiebebilder oder Decals genannt) innovativ gestalten kann. Mit dieser einfachen Technik können Sie Ihr kreatives Talent wunderbar zur Geltung bringen oder auch die Zeichnungen Ihrer Kinder auf einem Becher verewigen.

Ich werde Ihnen dabei interessante Dinge über Keramik erzählen, ein paar Anekdoten einfließen lassen und einige meiner Tricks verraten. Zuerst müssen Sie jedoch wissen, dass für eine gelungene Gestaltung vier grundsätzliche Schritte Voraussetzung sind:

1 Ein Keramikteil auswählen, das dekoriert werden soll.

2 Passende Motive entwerfen.

3 Das keramische Abziehbild aufbringen.

4 Das dekorierte Stück in einem Brennofen brennen.

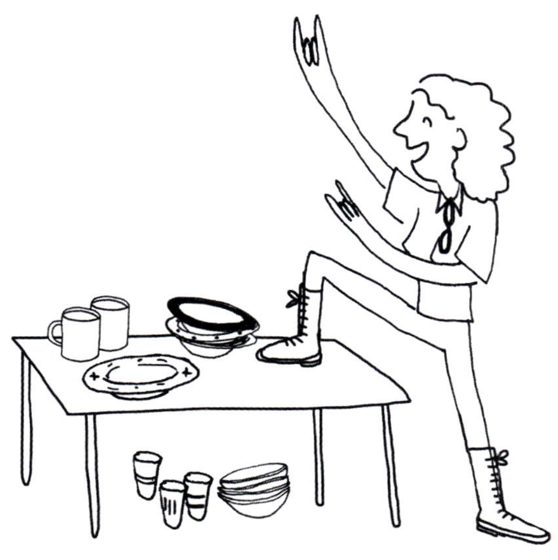

Erste Ratschläge: Mantras für die Keramik-Praxis

Das Allerwichtigste überhaupt ist, keine Panik aufkommen zu lassen. Wie Sie in einigen Abschnitten des Buches erfahren werden, kann Keramik durchaus ihre Tücken haben. Das eine oder andere Mal wird das Ergebnis nicht ganz so ausfallen, wie Sie es sich vorgestellt hatten oder der Entwurf auf dem Computerbildschirm es erwarten ließ. Aber genau das macht ja den Reiz und die Magie dieses Verfahrens aus. Es stimmt übrigens, dass die Nerven sich mit der Zeit beruhigen, wenn man erst einmal etwas mehr Übung hat. Ich erzähle Ihnen alles, was ich weiß und was Ihnen helfen kann, die Arbeitsschritte in den Griff zu bekommen, muss aber gestehen, dass selbst ich manchmal noch dieses gewisse Kribbeln spüre.

Eine weitere ganz wichtige Voraussetzung ist, dass Sie für alles offen bleiben. Und hier verrate ich Ihnen gleich ein erstes Geheimnis: Niemand außer Ihnen selbst weiß, was Sie sich ursprünglich vorgestellt hatten. Also: Weg mit den Erwartungen! Schluss mit der Frustration! Vielleicht ist ja das, was am Ende herauskommt, sogar besser als das, was Sie sich vorgenommen hatten. Diese Technik ist Magie, das werden Sie schon selbst herausfinden.

Ich kann Ihnen auch versprechen, dass Ihre Vorstellungskraft mit der Zeit wachsen wird. Nehmen Sie sich anfangs nicht zu viel vor und erwarten Sie bei den ersten Versuchen nicht gleich, ein Meisterstück zu schaffen. Jeder Mensch ist anders und mit Fähigkeiten ausgestattet, die vielleicht noch im Verborgenen schlummern, so wie es bei mir der Fall war. Genießen Sie also den ganzen Entstehungsprozess und gestalten Sie ihn nach Ihren eigenen Vorstellungen. Ich bin überzeugt, dass das Ergebnis Sie begeistern wird. Meine ersten Teller waren bestimmt nicht die besten, trotzdem liebe ich sie heute immer noch.

Jetzt ist es aber genug mit Theorie und guten Ratschlägen, sicher brennen Sie schon darauf, endlich anfangen zu können. Legen wir los!

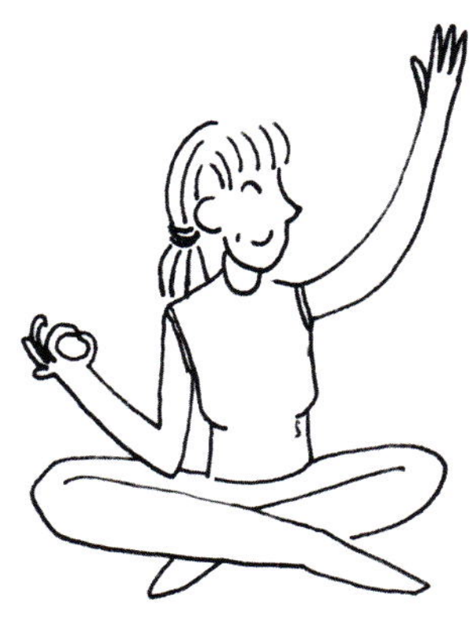

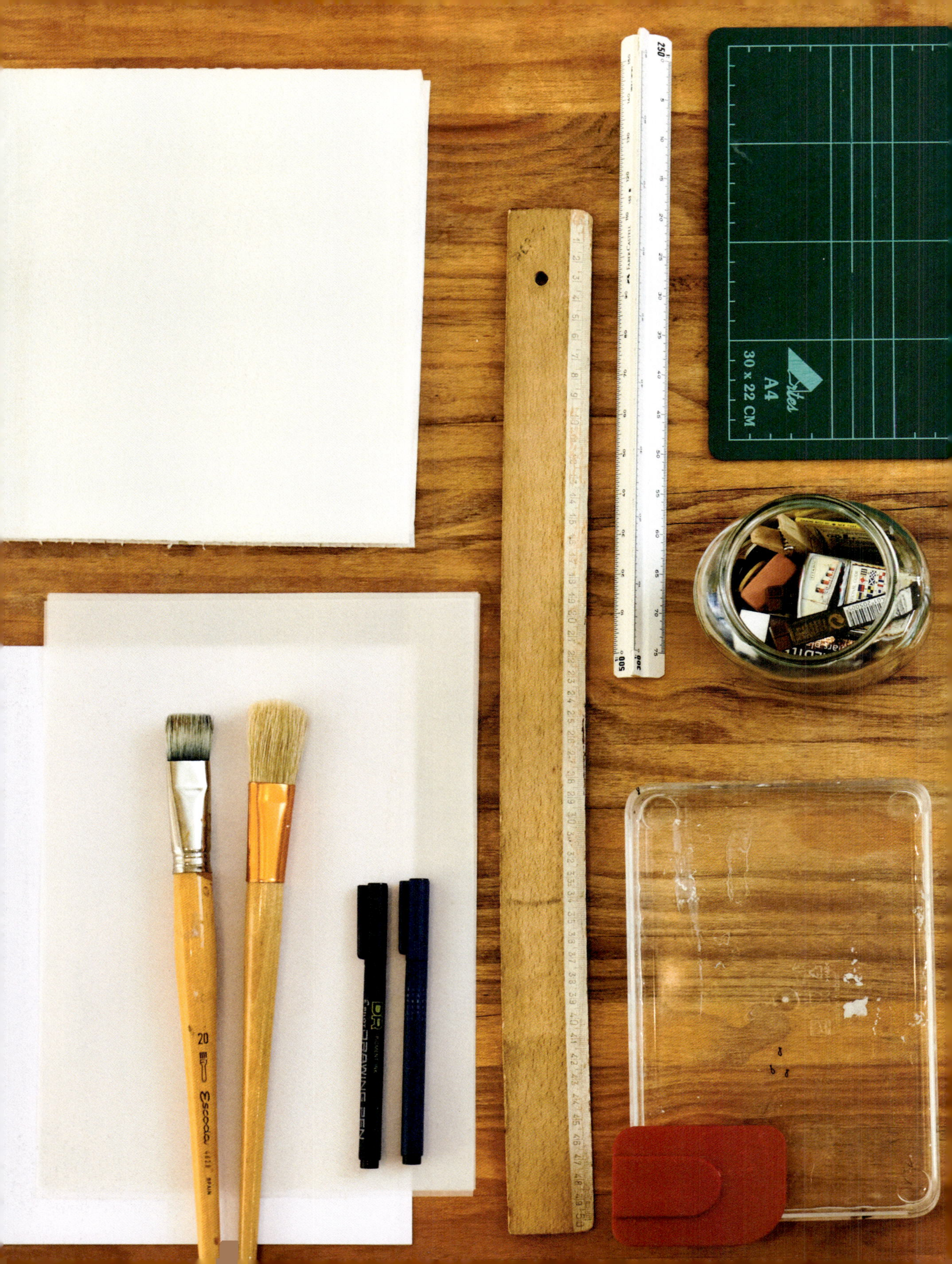
A4
30 x 22 CM
Escoda
DRAWING PEN

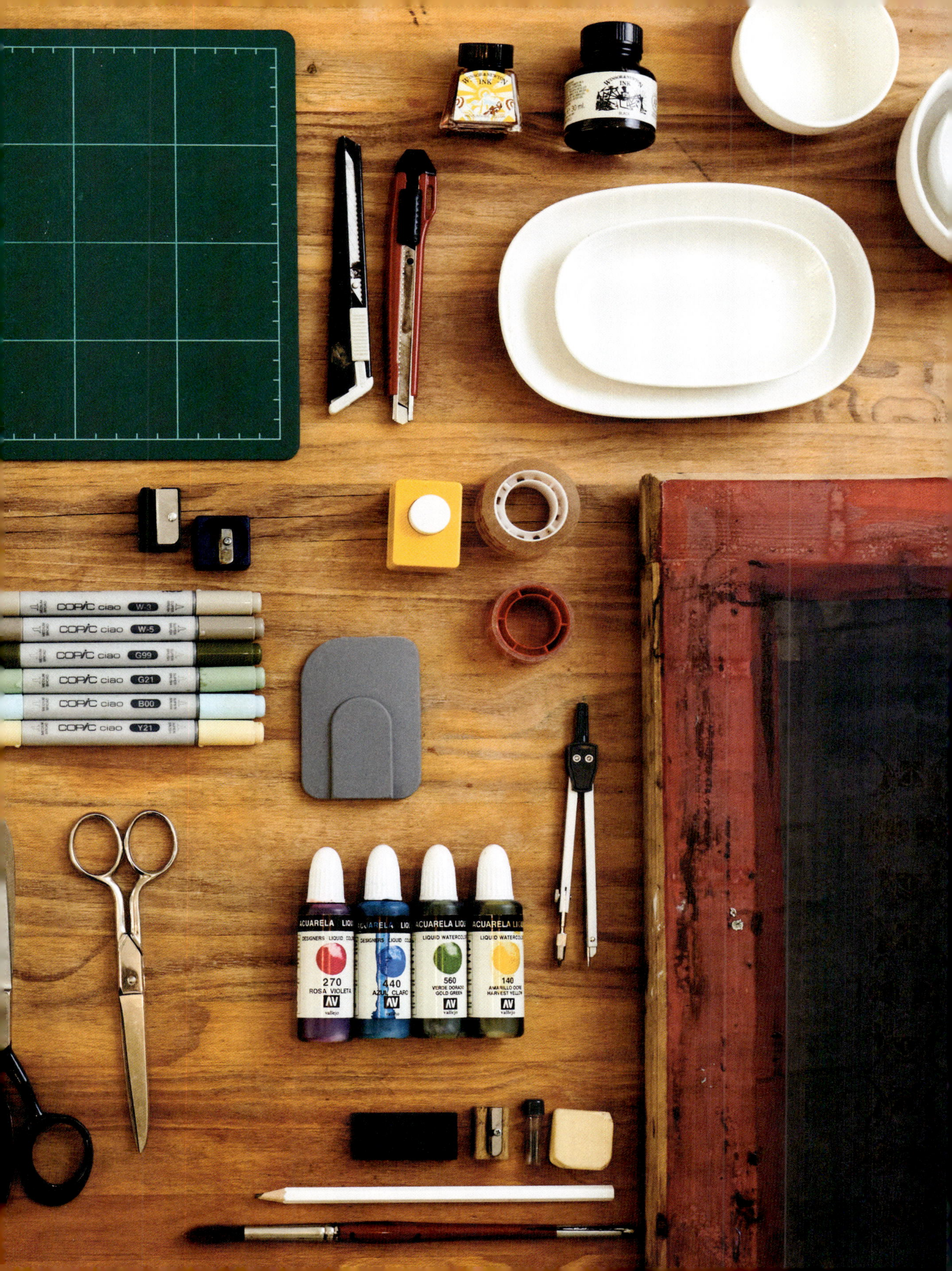
COPIC ciao W-3
COPIC ciao W-5
COPIC ciao G99
COPIC ciao G21
COPIC ciao B00
COPIC ciao Y21
270
ROSA VIOLETA
440
560
VERDE DORADO
GOLD GREEN
140
AMARILLO OCRE
HARVEST YELLOW

MATERIALIEN

Nur für den Fall, dass Sie so übereifrig sind wie ich, wenn ich mich im Fitness-Studio anmelde, möchte ich Ihnen dringend ans Herz legen, das Kapitel über keramische Abziehbilder zu lesen, **bevor** Sie anfangen, wie besessen Material zu kaufen. Dort erfahren Sie nämlich, welche Arten von Transferbildern es überhaupt gibt und welche davon sich am besten für Ihren Gestaltungsstil oder das von Ihnen geplante Projekt eignen.

Davon unabhängig finden Sie im Folgenden eine Liste mit allen Dingen, die Sie zur Durchführung benötigen. Alles, was hier aufgeführt ist, wird Ihnen bei jeder Art von Transfertechniken und keramischen Abziehbildern gute Dienste leisten. Dieses Material sollten Sie vorab besorgen und sich dann mit dem Kapitel über die Anwendung beschäftigen.

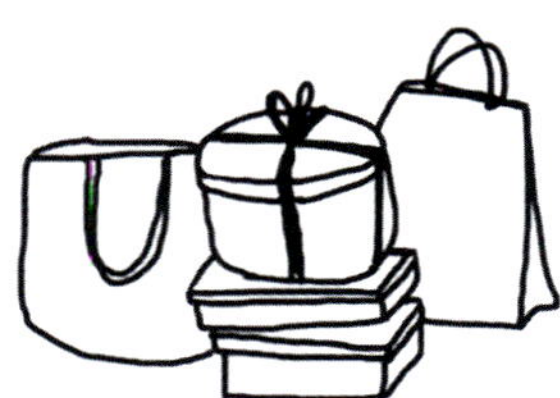

Was Sie für das Arbeiten mit jeder Art von Abziehbildern brauchen

— **Keramikobjekte** Ich empfehle, mit einem einfachen Teil mit glatter, ebener Oberfläche zu beginnen, zum Beispiel einer Fliese oder einem flachen Teller. Allerdings heißt es auch: «Den Mutigen gehört die Welt.» Falls Sie sich also gleich auf Schüsseln und Schälchen stürzen wollen, dann nur zu! Aber bitte trotzdem nicht das Kapitel über das Gestalten der Abziehbilder auslassen!

— **Papier** Sie werden jede Menge Papier brauchen, um Konzepte zu entwerfen, Skizzen anzufertigen, Designs auszuarbeiten – oder auch, um sich selbst aufmunternde Nachrichten zu hinterlassen, wenn es mal nicht so richtig läuft. Man kann nie genug Papier haben, aber bitte der Umwelt zuliebe unbedingt auch die Rückseite benutzen.

— **Schere** Hier hat natürlich jeder seine Vorlieben, aber für mich bleibt eine Schneiderschere mittlerer Größe aus Metall die erste Wahl.

- **Wassergefäß** Es hängt vom geplanten Projekt ab, wie groß Ihr fertig ausgeschnittenes Motiv letztlich ausfällt. Ideal ist ein nicht zu tiefes Behältnis, in das das Abziehbild vollständig hineinpasst. Werfen Sie einen Blick in Ihren Küchenschrank, sicher findet sich da eine Vorratsdose oder Ähnliches in passender Größe.
- **Wasser** Das Wasser sollte etwa lauwarm sein. Zimmertemperatur passt meistens.
- **Silikonschaber** In Fachgeschäften für Keramikbedarf erhalten Sie Spezialwerkzeuge. Ich benutze allerdings ganz normale Teigschaber aus Silikon, wie sie zum Kuchenbacken verwendet werden. Falls keiner in Ihrer Küche vorhanden ist, bekommen Sie in nahezu jedem Haushaltswarengeschäft einen.
- **Küchenpapier/Toilettenpapier** Auch Stofflappen sind geeignet (auch wenn ich persönlich noch nie damit gearbeitet habe).

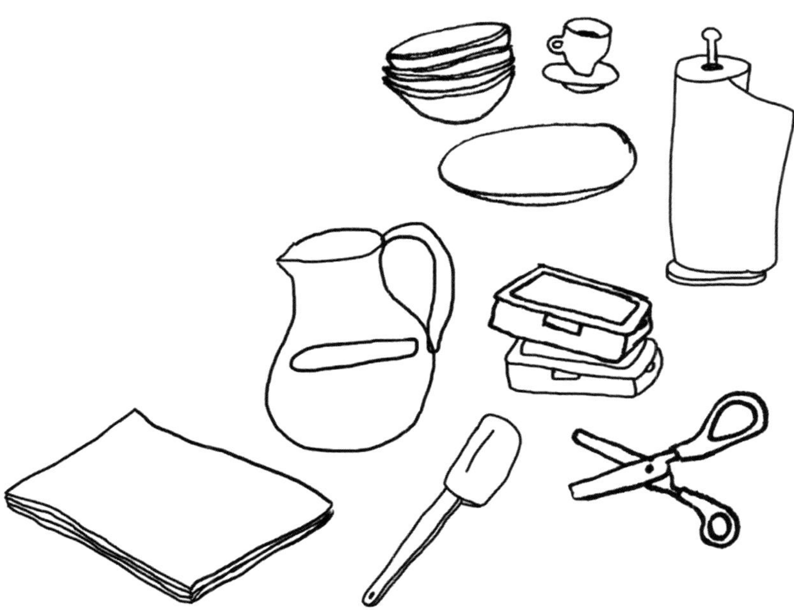

Sicher möchten Sie Ihr Geschirr vor allem mit eigenen Zeichnungen verschönern. Hier bieten sich digitale Verfahren zum **Herstellen keramischer Abziehbilder** an. In diesem Fall benötigen Sie:

— **Ihre bevorzugten Zeichenutensilien** Arbeiten Sie am liebsten mit Aquarellfarben? Oder Sie machen gern Kollagen oder Fotos, malen mit Wachsmalstiften oder Markern? Sie mögen es schön bunt oder doch eher einfarbig, so wie ich? Gar kein Problem! Sie können alles, was Ihnen gerade einfällt, auf Geschirrteile übertragen, solange Sie dabei ein paar Dinge berücksichtigen, die ich Ihnen im Kapitel Design erklären werde. Ach ja, noch etwas: Falls Sie noch nie in Ihrem Leben (in kreativer Absicht) zu Bleistift, Pinsel oder Schere gegriffen haben, dann ist das kein Grund zur Sorge. Lesen Sie einfach weiter und lassen Sie sich überraschen, welche verborgenen Talente in Ihnen schlummern.

— **Scanner** Dieses Gerät wird wahrscheinlich einige Probleme verursachen und ist doch zugleich Ihr wichtigstes Hilfsmittel, wenn es darum geht, Entwürfe zu digitalisieren. Bitte lesen Sie unbedingt auf Seite 65 das Kapitel für Menschen mit Scanner-Phobie. Sie sind nicht allein!

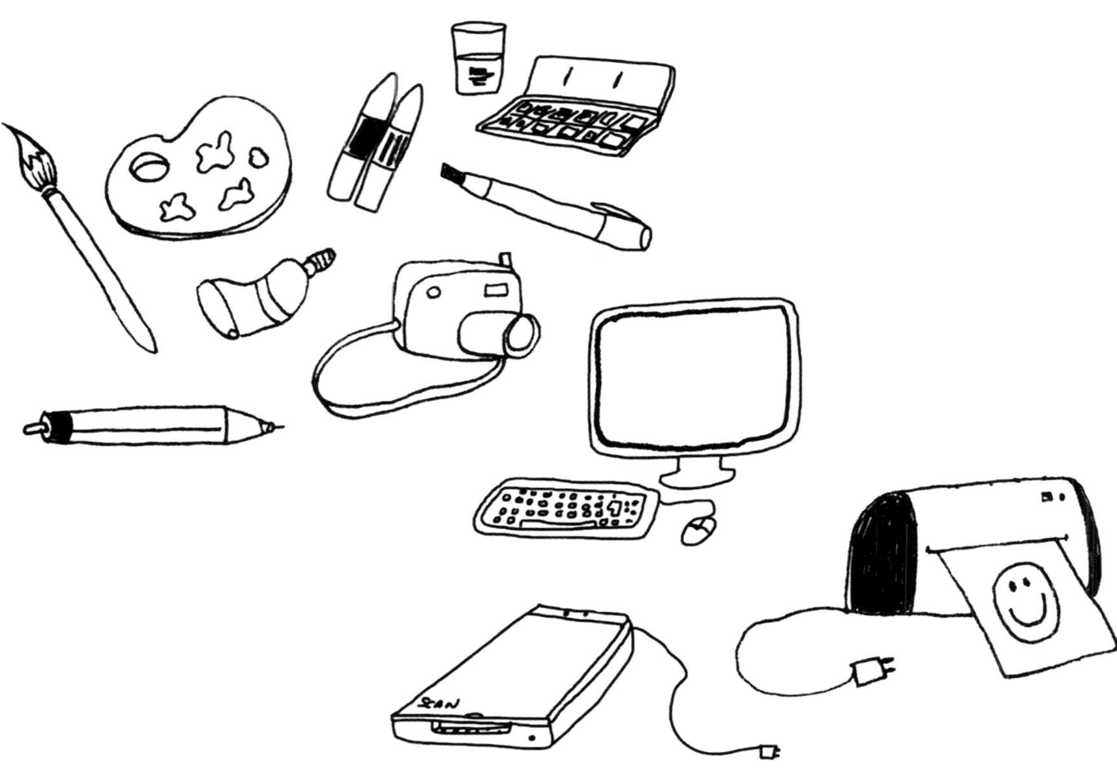

- **Rechner** Auf Ihrem Computer muss *Photoshop* oder ein vergleichbares Bildbearbeitungsprogramm installiert sein, mit dem Sie Ihr Design reinigen und die Motive digital aufbereiten können. Ich möchte darauf hinweisen, dass der Einführungskurs für diese Programme hier nicht mit inbegriffen ist … Aber jetzt bitte nicht gleich das Handtuch werfen, einfach weiterlesen. Es gibt auch noch andere Möglichkeiten, falls Sie nicht zu den *Digital Natives* gehören sollten.
- **Drucker** Sie brauchen keinen Farbdrucker, denn Sie benutzen ihn ja nur für Probeausdrucke, um spätere Katastrophen zu vermeiden.

Folgende Materialien sind zusätzlich erforderlich, wenn Sie **direkt auf dem Werkstück zeichnen** wollen. Das mag Sie jetzt vielleicht wundern, aber sobald Sie das Kapitel über Design gelesen haben, dürfte alles klar sein.

- Wasserfester Marker mit einer Strichbreite von 0,2 bis 0,8 mm
- Transparente Klebstreifen/Paketklebeband
- Dünnes Transparentpapier

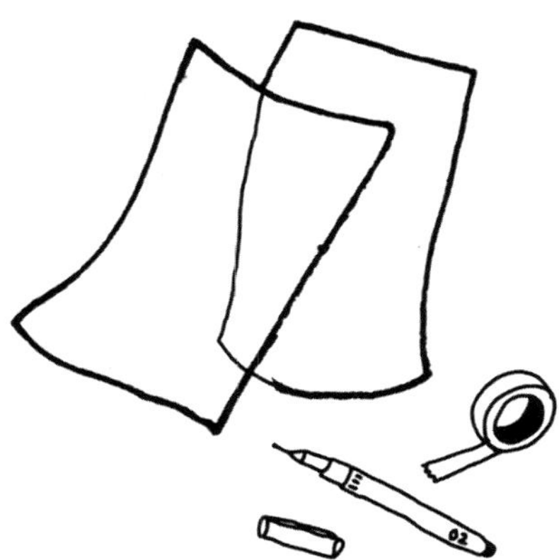

Wenn Sie gerne Motive ausschneiden, gleichmäßige Farben und Einzelstücke lieben, wenn Zeichnen so gar nicht Ihr Ding ist und Ihnen allein der Gedanke an den Computer schon Bauchschmerzen macht, dann müssen Sie unbedingt das Kapitel über **einfarbige Abziehfolien** (ab Seite 80) lesen und finden hier alle benötigten Materialien.

— **Cutter** Die Klinge braucht nicht gleich schärfer als das Messer von Jack the Ripper zu sein! Wenn Sie sich allerdings schon oft über stumpfe Schneiden geärgert haben, aber noch nie in Ihrem Leben die Klinge des Cutters gewechselt haben, dann verrate ich Ihnen hier ein Geheimnis: Handelsübliche Cutter sind mit einer Abbrechklinge ausgestattet. Das heißt, der Metallstreifen ist in Segmente unterteilt, die sich Stück für Stück abbrechen lassen, sodass man anschließend mit frischer Schneidefläche (Vorsicht: scharf!) weiterarbeiten kann.

— **Motivlocher/-stanzer** Wenn Sie Ihr Motiv beliebig oft wiederholen möchten, finden Sie im Internet, in Schreibwaren- oder Bastelläden verschiedenste Ausführungen im Sortiment. Auch mithilfe von Schablonen können Sie Ihre Motive mehrmals hintereinander wiederholen.

— **Schneidetisch/Schneidematte** Beides ist nicht unbedingt notwendig, Sie sollten mit dem Cutter aber besser nicht auf Ihrer Lieblingstischplatte oder diesem Buch arbeiten. Die Unterlage könnte Schaden nehmen. Verwenden Sie zumindest eine alte Zeitschrift oder feste Pappe, wenn Sie kein Geld für eine professionelle Schneideunterlage ausgeben möchten.

— **Transparentpapier** Um Entwürfe abzupausen und Originale aufzubewahren, benötigen Sie durchscheinende Papierbogen.

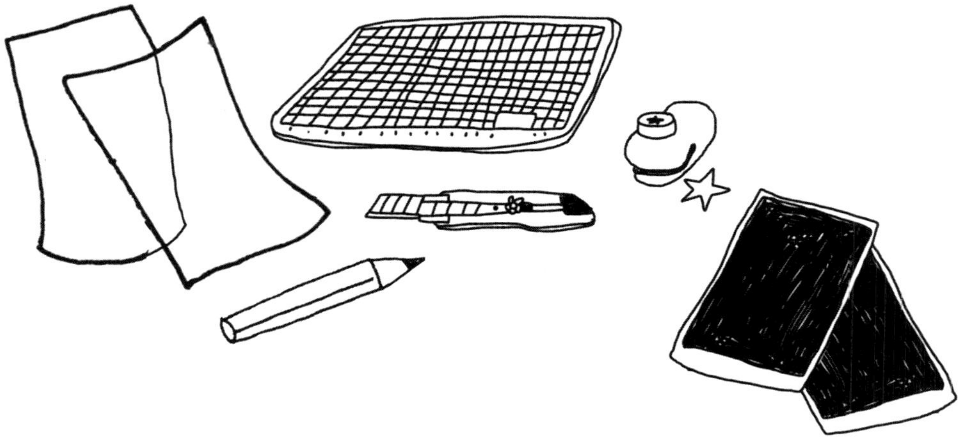

Die folgenden Dinge sind für Profis gedacht, die eigene Transfermotive ohne digitalen Zwischenschritt direkt drucken möchten. Wenn Sie dazugehören, sollten Sie das Kapitel über das **Siebdruckverfahren** (ab Seite 77) unbedingt lesen. Falls nicht, lesen Sie es bitte trotzdem. Sie wissen ja nie, wie weit Sie es noch bringen werden …

- **Trägerpapier für Transferbilder/keramische Abziehbilder** Wie Sie feststellen werden, hat dieses Spezialprodukt eine glänzende und eine matte Seite. Die glänzende Seite muss immer nach oben zeigen. Sie bekommen dieses Papier im Fachhandel für Keramikbedarf.

- **Keramische Druckfarben und Siebdrucköl zum Verdünnen** Es ist wichtig, dass die Mischung flüssig ist und Ihnen zwischendurch nicht ausgeht. Was übrig bleibt, lässt sich gut aufbewahren.

- **Abzieh- oder Übertragungslack für Transfertechniken** Diese Substanz wird als Gleitfilm benötigt, der das Verschieben der gedruckten Motive auf das Werkstück ermöglicht.

- **Materialien für den Siebdruck** Acetatfolie, Siebdruckrahmen, Rakel, lichtempfindliche Fotoemulsion … Was Sie alles brauchen, um ein eigenes Siebdruckatelier einzurichten, erfahren Sie bei YouTube oder in einem der Bücher, die Sie ab Seite 126 finden. Die Technik hat leider ihre Tücken, ich erkläre sie Ihnen aber noch einmal ausführlich im Kapitel über Siebdruck-Abziehbilder.

- **Reinigungsmittel** Diese werden benötigt, um die Materialien anschließend wieder von der Farbe zu befreien.

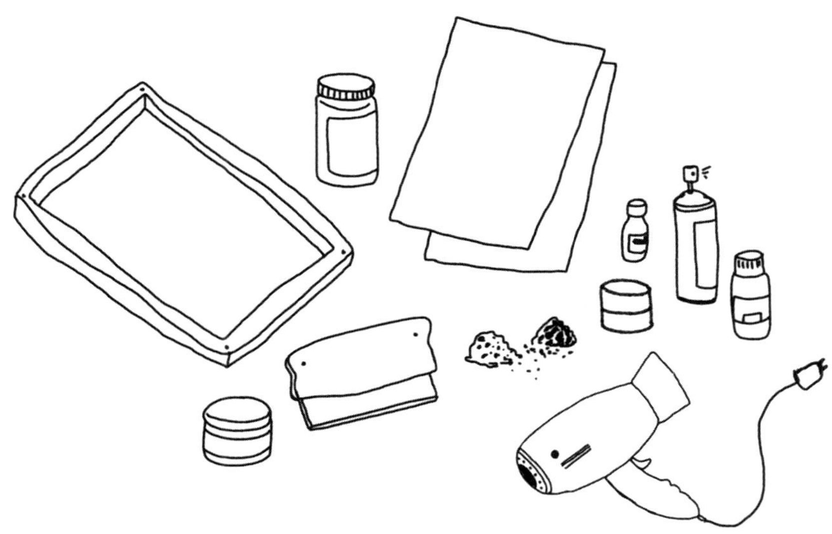

DIE WERKSTÜCKE

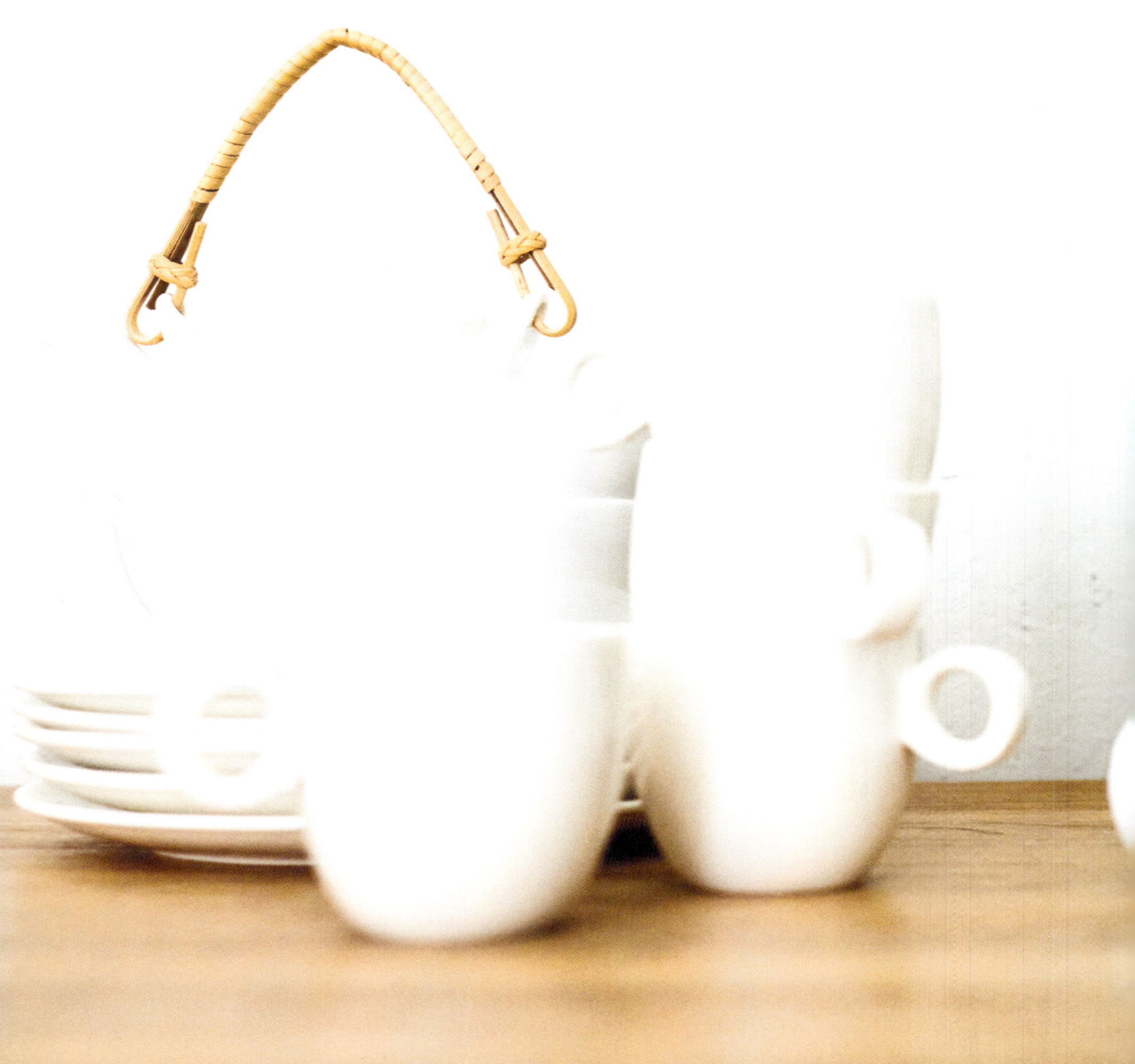

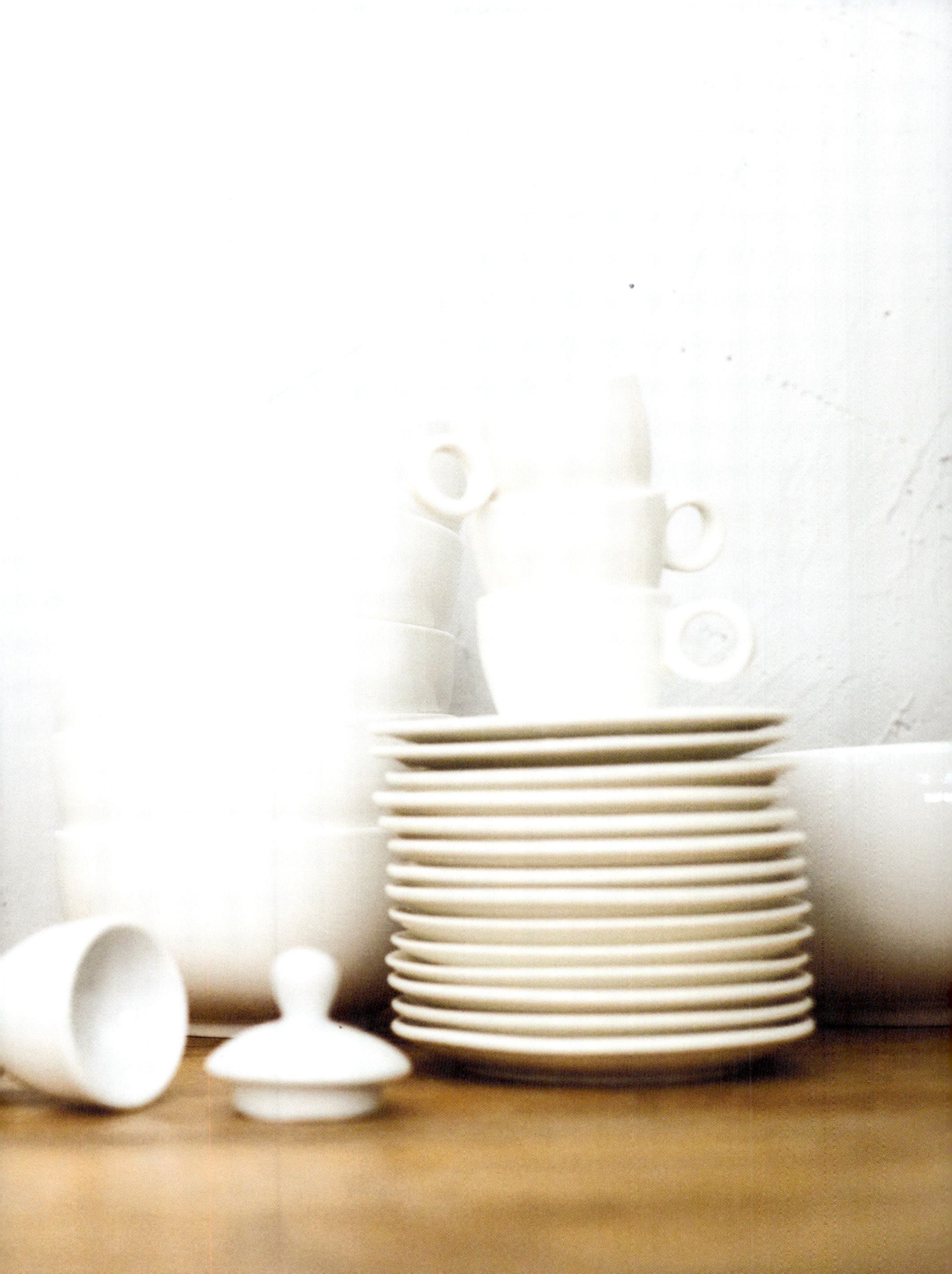

Küche an Erde – hören Sie mich?

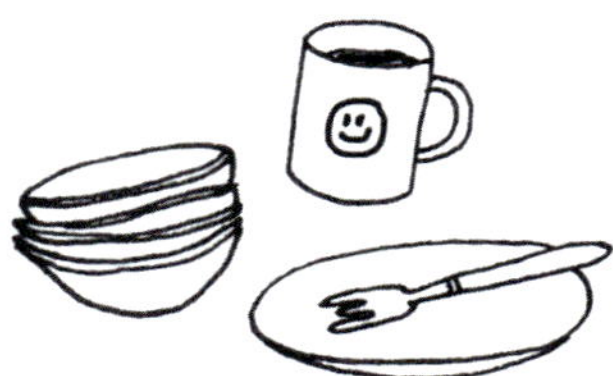

Hier mein Vorschlag: Gehen Sie einfach in Ihre Küche und nehmen Sie einen beliebigen Teller oder Becher, irgendeine Tasse, Schüssel oder ein Schälchen in die Hand. Wenn das Teil sich weder metallisch anhört noch durchsichtig ist, dann gehe ich jede Wette ein, dass es sich um – normalerweise – glasiertes Geschirr aus Keramik handelt. Es spielt keine Rolle, ob es rau, glatt, dünn, leicht oder schwer, weiß oder farbig ist, und auch Muster oder andere Verzierungen machen da keinen Unterschied.

Wenn Sie das Stück umdrehen, bemerken Sie meist auf der Unterseite das Markenzeichen des Herstellers und einen ringförmigen unglasierten feinen Wulst, auf dem es steht. Dieser wird als Fuß oder Fußring bezeichnet.

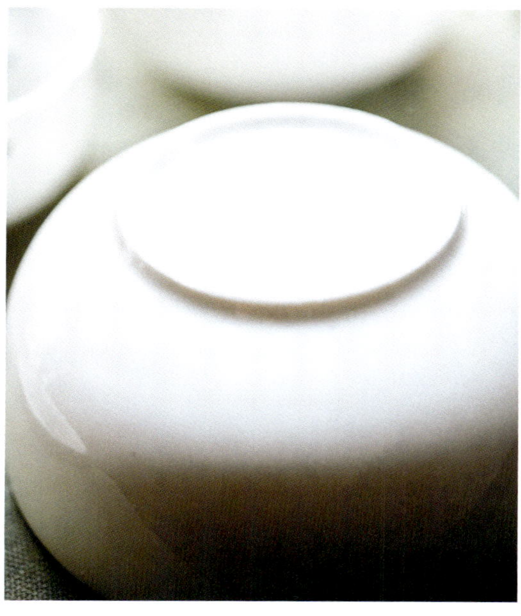

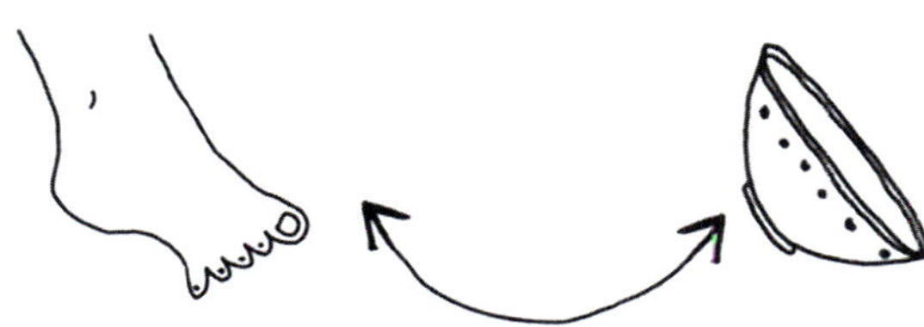

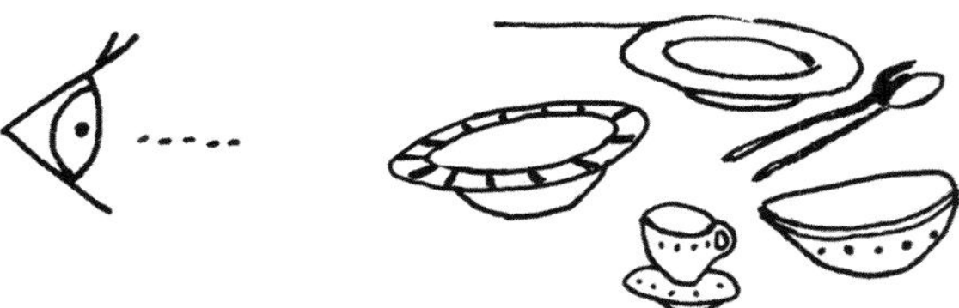

Sofern Sie nicht zu der anfangs erwähnten ersten Gruppe potenzieller Leser:innen gehören, haben Sie bestimmt noch nie einen Teller mit derartigem Interesse von unten betrachtet. Wenn Sie jetzt weitere Geschirrteile in Ihrem Haushalt miteinander vergleichen, werden Sie feststellen, wie viele Unterschiede es gibt.

An diesem Punkt möchte ich Ihnen gratulieren: Sie haben den ersten Schritt getan, um ein echter Geschirrfreak zu werden. Bald wollen Sie jeden Teller, den Sie zu fassen bekommen, unweigerlich umdrehen und sich interessiert mit seiner Rückseite beschäftigen. Zusätzlich will ich Ihnen nun ein paar wirklich verblüffende Tatsachen erklären. Jetzt führt kein Weg mehr zurück!

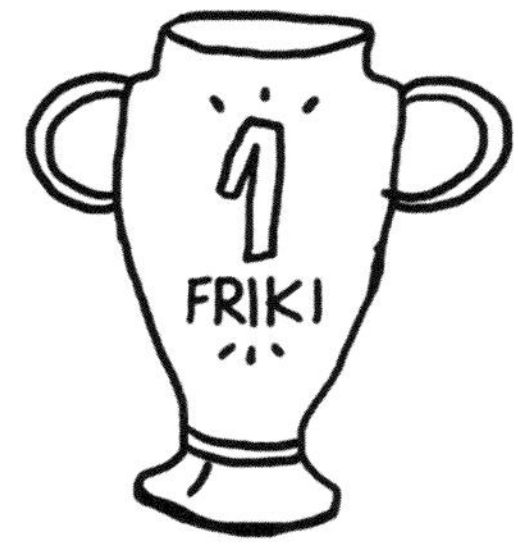

Papa, wo kommen die Teller her?

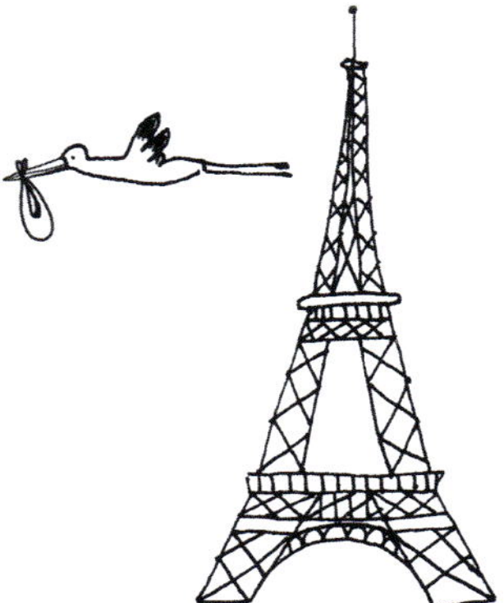

Teller und generell alle Geschirrteile, die Ihnen gerade in den Sinn kommen, sind normalerweise Keramikprodukte. Manchmal wird der Ton individuell handwerklich an einer Drehscheibe geformt oder per Hand modelliert, oft werden auch Gipsformen (Model) eingesetzt, um viele gleiche Werkstücke herzustellen.

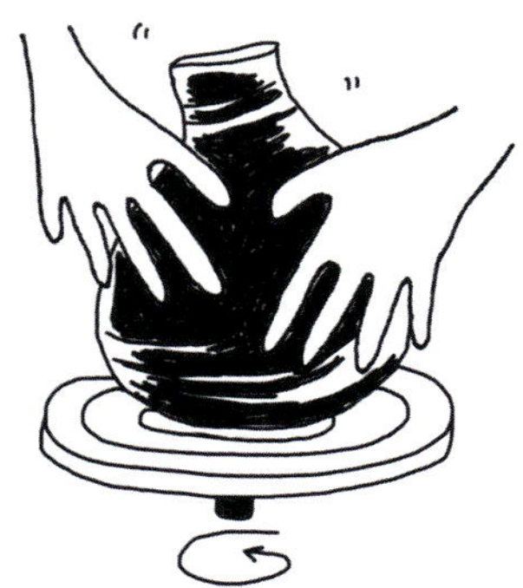

Mit großer Wahrscheinlichkeit wurden die Beispiele, die Sie sich in Ihrer Küche angeschaut haben, auf letztere Weise, also industriell gefertigt und es handelt sich nicht um Einzelstücke. Die Vorgänge sind allerdings immer vergleichbar. Der einzige Unterschied besteht in der Mechanisierung, um die Produktionsmenge zu steigern. Auf jeden Fall spielt bei beiden Arten der Herstellung handwerkliches Können eine große Rolle.

Die Optionen zu Formgebung bei der Keramikherstellung sind faszinierend und Sie sollten sich damit befassen, wenn Sie einen weiteren Schritt wagen und Ihre eigenen Objekte kreieren wollen, um sie dann anschließend mit Abziehbildern zu verzieren. Im Moment möchte ich hier nur auf zwei Methoden mit Formen eingehen und Ihnen erklären, wie sie funktionieren.

Man unterscheidet Gieß- und Pressformen. Pressformen haben ihren Namen daher, dass feuchtplastische Keramikmasse ein- oder aufgedrückt wird, um den Rohling zu erhalten. Gießformen dagegen erfordern einen flüssigen Tonbrei, den so genannten Schlicker. Da die Gießform aus Gips besteht, also einem porösen Material, nimmt sie die Feuchtigkeit des Schlickers nach und nach auf, während die Tonbestandteile sich an den Gipswänden absetzen und verfestigen und damit das fertige Werkstück ergeben. Ist die gewünschte Dicke oder bei Hohlgefäßen wie Tassen oder Kannen die nötige Wandstärke erreicht, gießt man den überschüssigen Schlicker ab. Dieses Verfahren wird als «Gießen» bezeichnet – falls Sie sich genauer darüber informieren möchten.

Sobald die Rohlinge die entsprechende Konsistenz haben, werden sie aus der Form gelöst. Unregelmäßigkeiten wie Grate und Nahtstellen zwischen mehrteiligen Gussformen werden versäubert. Anschließend müssen sie trocknen.

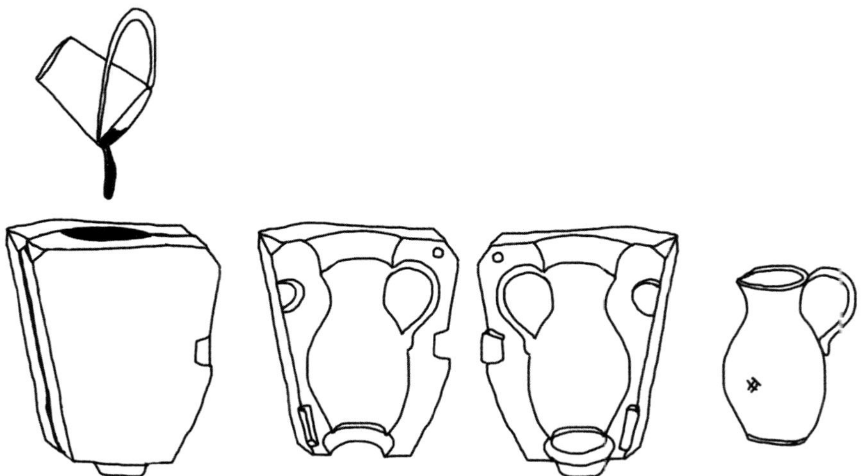

Später werden die Rohlinge zum Brennen in den Brennofen gesetzt. Dieser erste Brand wird als «Roh-» oder «Schrühbrand» bezeichnet. Die erforderliche Brenntemperatur hängt von der jeweils verwendeten Keramikmasse ab. Mit Brennöfen befassen wir uns im letzten Kapitel noch einmal näher.

Nach dem ersten Brand haben wir jede Menge Schrühware (gelegentlich auch «Scherben» oder «Biskuit» genannt), die wir Stück für Stück aus dem Ofen entnehmen müssen. Bei Biskuit dürfen Sie übrigens keinen Duft von frisch gebackenem Kuchen erwarten und bei dem (nicht *den*) Scherben ist auch nichts zu Bruch gegangen. Beides bezieht sich einfach auf die unglasierte Schrühware, die man alternativ auch noch als «Grünware» bezeichnen kann (… nur für den Fall, dass Sie es ganz genau wissen wollen).

Nach dem Schrühbrand sind Geschirrteile noch nicht gebrauchsfähig, weil sie immer noch porös sind. Man kann solche Rohlinge im Fachhandel für Keramikbedarf fertig kaufen und mit verschiedenen Techniken dekorieren. Keramische Abziehbilder kommen dazu allerdings nicht in Frage.

Im zweiten Schritt werden die geschrühten Werkstücke glasiert. Es gibt viele verschiedene Glasuren und unterschiedliche Verfahren, um sie aufzubringen: Tauchen, Aufsprühen mit der Spritzpistole, mit dem Pinsel auftragen etc. Als «Glasur» wird der meist hochglänzende, oft aber auch matte Überzug auf Tellern, Trinkschalen etc. bezeichnet. Dieser sintert in der Hitze des zweiten Brandes zu einer glasartig harten, undurchlässigen Schutzschicht. Erst dadurch eignen sich Keramikteile als Ess- und Trinkgeschirr.

Es gibt ein riesiges Spektrum an Glasuren, aber das zu erforschen würde hier wirklich zu weit führen.

Wenn die Rohlinge glasiert sind, kommen sie ein zweites Mal in den Brennofen und werden nochmals bei der erforderlichen Temperatur gebrannt, die wieder exakt auf die verwendete Keramikmasse und Glasursorte abgestimmt sein muss. Dieser zweite Brand wird «Glatt-» oder «Glasurbrand» genannt. Diesmal ist unbedingt darauf zu achten, dass sich die einzelnen Stücke im Brennofen nicht berühren, sonst würden sie zusammenkleben.

Und nach der ganzen Plackerei haben wir dann endlich jede Menge wunderschöner Geschirrteile, die wir verkaufen oder benutzen können, ganz wie das übrige Geschirr in unserem Haushalt.

Bis es soweit ist, hat jeder Teller, jede Tasse, Schale oder Schüssel, einfach jedes Keramikprodukt, mindestens zwei Brände hinter sich. Kaum zu glauben, oder?

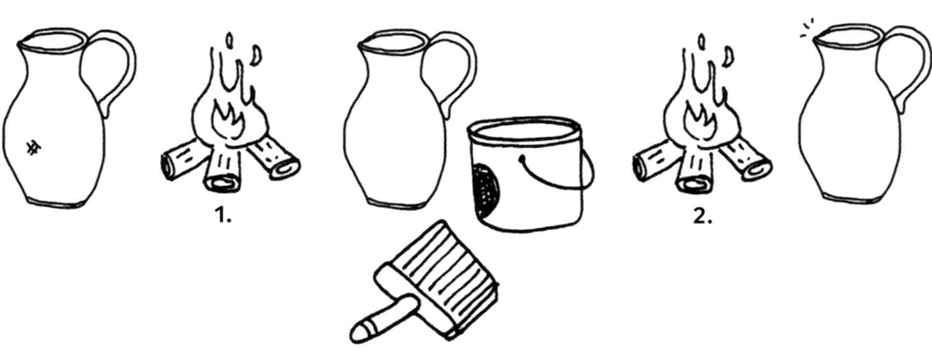

Wozu Füße gut sind

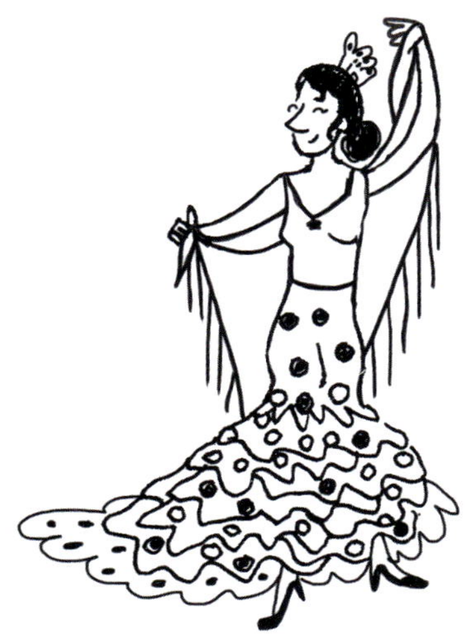

Wie wir schon gesehen haben, stehen die meisten Keramikteile auf einem kleinen ringförmigen Wulst. Wenn Sie sich das Geschirr in Ihrer Küche genau angeschaut haben, ist Ihnen sicher aufgefallen, dass dieser Fußring nicht glänzt, weil er nicht glasiert ist. Vielleicht dachten Sie, es liege daran, dass er vom vielen Gebrauch schon abgenutzt ist? Nein, das hat einen anderen Grund: Dieser Fuß ist absolut notwendig, damit die Ware überhaupt gebrannt werden kann.

Beim Glasieren der Rohlinge ist es ganz wichtig, dass wir vor dem Brennen die Glasur von den Partien entfernen, auf denen sie aufstehen, also dem Fußring. Wäre er wie der Rest der Wandung glasiert, würde die schmelzende Glasur mit dem Boden des Brennofens verbacken.

Wenn Sie einen Teller von der Unterseite betrachten und feststellen, dass er keinen Fuß hat und vollständig glasiert ist, dann denken Sie vielleicht, ich hätte Sie angeschwindelt. Aber bitte sehen Sie noch einmal genau hin und halten Sie Ausschau nach ein paar winzigen Noppen. Wenn Sie die entdeckt haben, ist alles klar: Dieser Teller hat im Brennofen auf einem kleinen dreibeinigen Brenngestell gestanden.

Da der Fuß also normalerweise nicht glasiert ist, verrät er uns, um welche Sorte von Keramik es sich handelt. Sie werden gleich sehen, worauf ich hinaus will.

Unterschiede zwischen Porzellan und Steingut

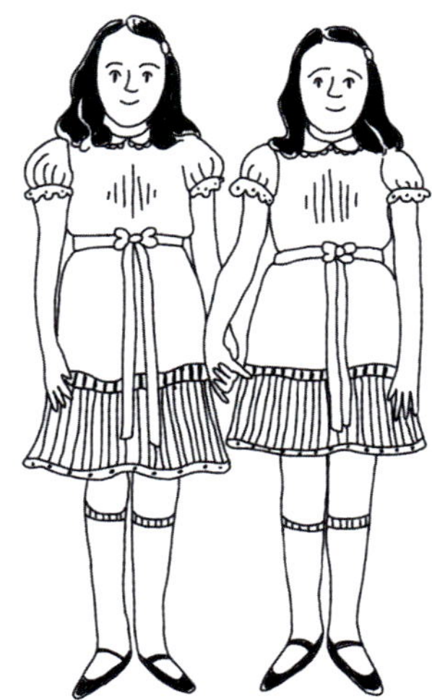

Sicher wissen Sie, wie wichtig es ist, die Dinge im Leben beim richtigen Namen zu nennen. Manchmal erweist sich das aber als gar nicht so ganz einfach.

Ich werde öfter gefragt, ob mein Geschirr denn Keramik oder Porzellan sei. Das ist keine sehr sinnvolle Frage, denn schließlich ist Porzellan auch nur eine bestimmte Sorte von Keramik. Die Frage müsste eigentlich lauten, ob es sich um Porzellan oder Steingut handelt oder um irgendein anderes Tonerzeugnis, das als weniger hochwertig eingestuft wird. Mit den Bezeichnungen nimmt es vielleicht nicht jeder so genau, aber wir gehen alle davon aus, dass Porzellan die Krone der Geschirrschöpfung ist. Stimmt das tatsächlich? Ich werde Ihnen ein paar Zusammenhänge erklären, die Ihnen erlauben, sich ein eigenes sachliches Urteil zu bilden.

Als Erstes müssen Sie wissen, dass es zwei Arten von Keramikmassen gibt: Die eine wird im Glattbrand bei hoher Temperatur um etwa 1200 °C und darüber gebrannt, die andere im niedrigeren Bereich um etwa 1000 °C – was ja auch nicht gerade wenig ist. Der Brennbereich ist wichtig, weil er ausschlaggebend für die Härte der Werkstücke ist: Bei hoher Temperatur gebranntes Geschirr ist widerstandsfähiger, im niedrigeren Bereich gebranntes dagegen weniger durabel. Bitte beachten Sie, dass Härte und Robustheit nicht unbedingt dasselbe ist.

Porzellan und Steinzeug gehören zur ersten Kategorie, so genanntes Steingut und Terrakotta dagegen zur zweiten. Aus diesem Grund ist ein Stück aus Porzellan oder Feinsteinzeug deutlich langlebiger und die Glasur splittert nicht so schnell ab wie bei Steingut.

Sowohl Porzellan als auch Steingut sind oft weiß und mit bloßem Auge kaum voneinander zu unterscheiden. Steinzeugmassen dagegen brennen meist cremefarben oder dunkler, Terrakotta rotbraun. Aber bitte bedenken Sie, die Geschirrteile, die Sie in die Hand bekommen, sind glasiert. Wie kann ich also wissen, aus welchem Material mein blau glasierter Teller besteht? Das ist einfach festzustellen: Drehen Sie ihn auf die Rückseite und prüfen Sie, welche Farbe der Scherben am Fußring hat, denn wie Sie inzwischen wissen, ist dieser immer unglasiert.

Okay, er ist weiß? Natürlich ist es keine Option, den Härtegrad herauszufinden, indem Sie versuchen, den Teller zu zerschlagen … Wie können Sie dennoch feststellen, ob er aus Porzellan oder Steingut besteht? Ganz einfach, wenn auch etwas unerwartet: Sie stecken einen Finger in den Mund und streichen dann damit über den unglasierten Fuß und sehen sich an, wie er die Feuchtigkeit aufnimmt. Wenn er sie schnell absorbiert, haben Sie Steingut vor sich. Bleibt er dagegen länger feucht, handelt es sich um Porzellan. Dieses wird nämlich auch unglasiert durch die hohe Brenntemperatur wasserundurchlässig, weil sich beim Sintern die Poren des Scherbens schließen.

Ein weiteres Charakteristikum von Porzellan ist, dass die Masse beim Brennen etwas Volumen verliert. Der Fachausdruck dafür ist Schwindung – was Sie allerdings nicht besonders interessieren muss, sofern Sie Ihre Werkstücke fix und fertig im Laden kaufen. Stellen Sie sich aber einmal vor, Sie besitzen eine schöne Wasserflasche und haben nach all dem, was Sie inzwischen über Gieß- und Pressformen wissen, plötzlich eine Idee: «Könnte ich mir nicht eine Gießform anfertigen lassen und diese Plastikflache in Porzellan nachformen?» Ein großartiger Einfall! Allerdings müssen Sie dabei bedenken, dass die fertige Porzellanflasche circa 18–20 % kleiner ausfallen wird als das Original. Wenn Sie sie aus Steingut nachbilden, sind es immerhin noch mindestens 5 % Schwindung. Wer hätte das gedacht?

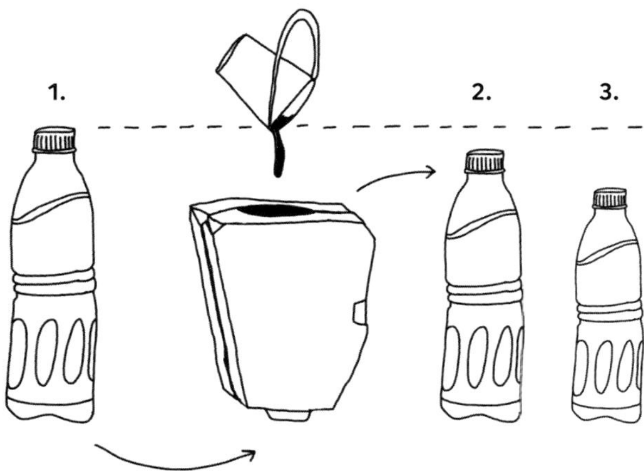

Originalflasche (**1.**), Abguss aus Steingut (**2.**), Abguss aus Porzellan (**3.**)

Wichtige Aspekte, die unbedingt berücksichtigt werden sollten

Jetzt fragen Sie sich vielleicht: «Warum erzählt sie mir das alles?» Nur noch ein wenig Geduld, die Erklärung folgt gleich.

1 Zum Aufbringen keramischer Abziehbilder ist ein dritter Brand erforderlich. An den Gedanken muss man sich erst gewöhnen, oder? Das heißt, das Aufglasurmotiv wird auf das bereits glasurgebrannte Werkstück appliziert und muss anschließend noch einmal im Brennofen (nicht im eigenen Backofen zu Hause!) aufgebrannt werden. Das ist übrigens eine sehr hilfreiche Information, wenn Sie Keramik mit Abziehbildern gestalten, denn oft werden von Handel und Herstellern die dazu jeweils benötigten Materialien danach klassifiziert, in welchem Brenndurchgang sie zum Einsatz kommen.

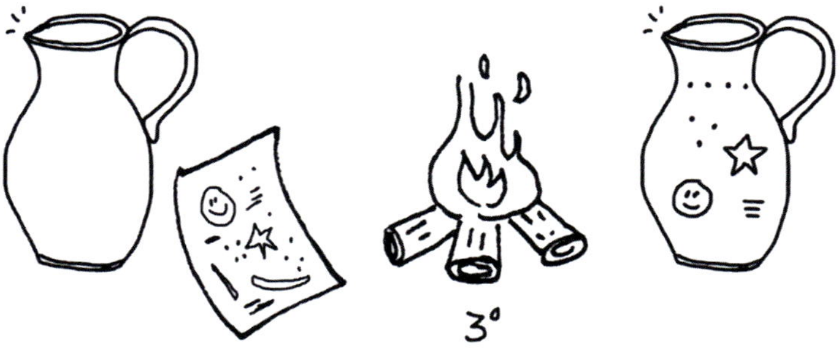

2 Sie können jedes beliebige Geschirrteil verwenden, solange es sich um echte – und zwar glasierte – Keramik handelt. Dabei spielt es keine Rolle, ob Steingut, Porzellan oder Steinzeug. Sehen Sie also nach, was Ihre Küchenschränke zu bieten haben. Holen Sie endlich das Geschirr, das Sie bei einer Tombola gewonnen haben, aus der Abstellkammer. Und am besten auch gleich die Teller von Ihrer Großmutter … Falls Sie da nicht fündig werden, gehen Sie ins nächste Geschäft mit Geschirrabteilung. Auch Vintage-Teile oder die typischen wunderschönen Einzelstücke, denen Sie auf dem Flohmarkt einfach nicht widerstehen konnten, sind prinzipiell geeignet. Da kann die geplante Verzierung allerdings etwas heikler zu bewerkstelligen sein. Derartige Schätze sind ja meistens schon recht alt und womöglich ist die Glasur abgenutzt, deshalb können Sie beim Aufbrennen von Abziehbildern die eine oder andere Überraschung erleben. Aber lassen Sie sich nicht abhalten. Vertrauen Sie auf Ihr Glück und bleiben Sie offen für unerwartete Ergebnisse. Sie erinnern sich an unser Mantra? Also: Sämtliche Geschirrteile lassen sich mit Abziehbildern gestalten, ob farbige Teller, Teller mit Bordüren, mit kitschigen Blümchen oder Goldrand … Wirklich einfach alle!

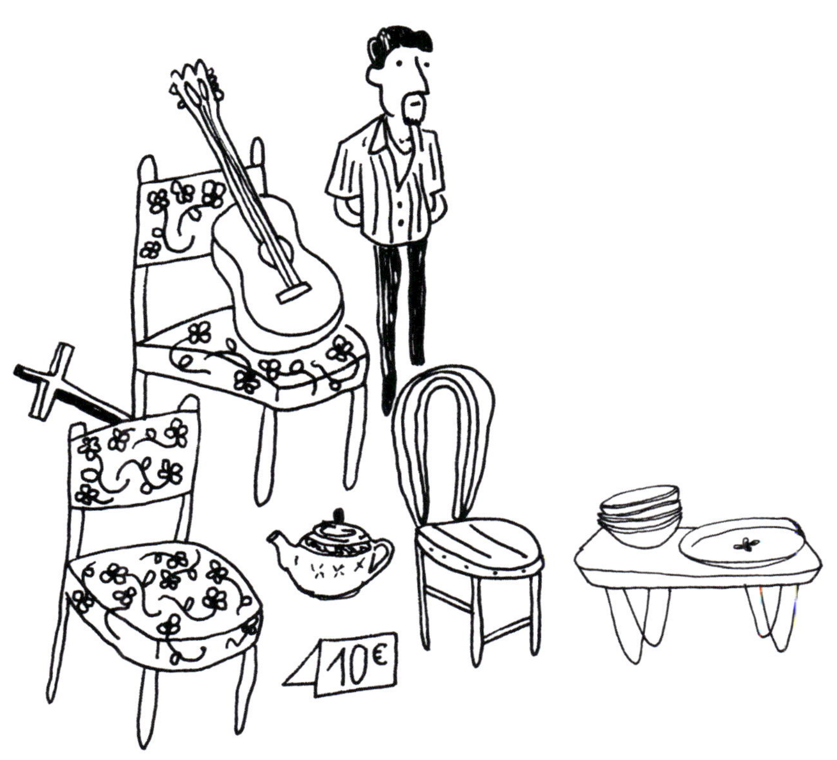
10€

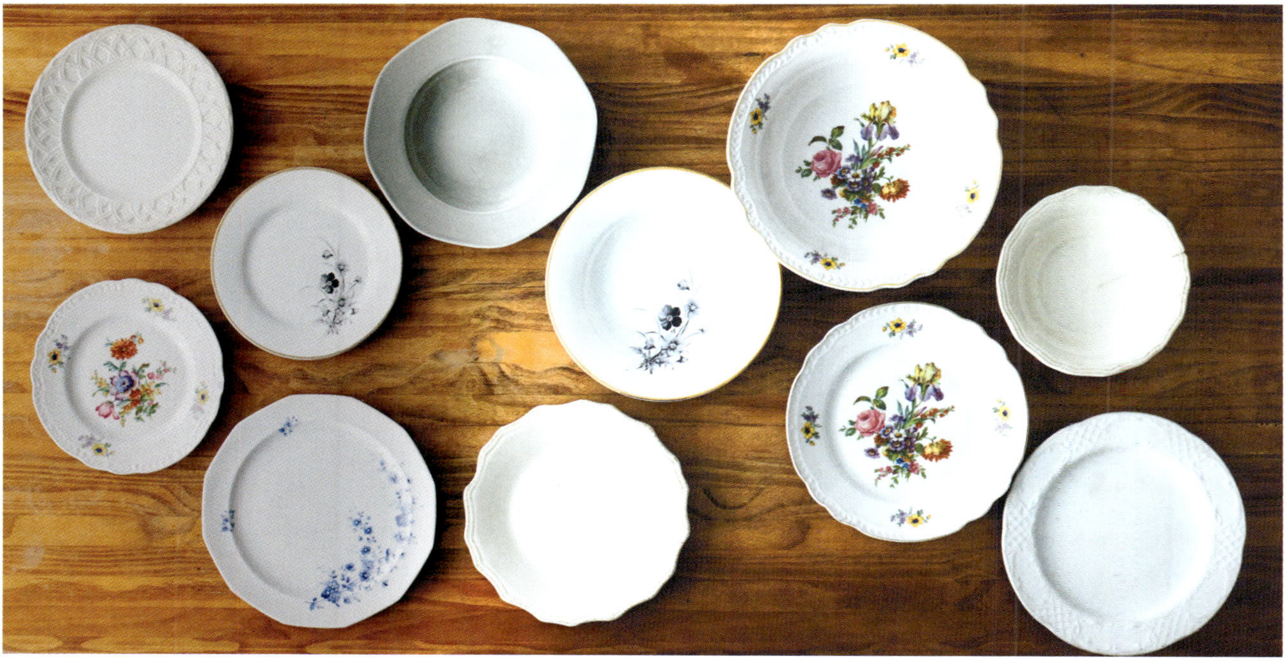

3 Positionieren Sie Ihr Motiv niemals auf dem Fuß des Werkstücks, weil er nicht glasiert ist. Und Sie wissen ja inzwischen, dass das seinen guten Grund hat.

Zusätzlich zu allen bisherigen Informationen möchte ich Ihnen noch einen letzten Rat geben. Bevor Sie sich auf die Jagd nach dem perfekten Teil machen, überlegen Sie sich bitte auch, welche Formen am leichtesten und welche wohl schwieriger zu dekorieren sind. Im folgenden Kapitel geht es um das Entwerfen der Abziehbilder. Wenn Sie es gelesen haben, werden Sie besser verstehen, was ich damit meine. Ganz kurz zusammengefasst: Je flacher und planer das Keramikteil ist, desto leichter lässt es sich bearbeiten.

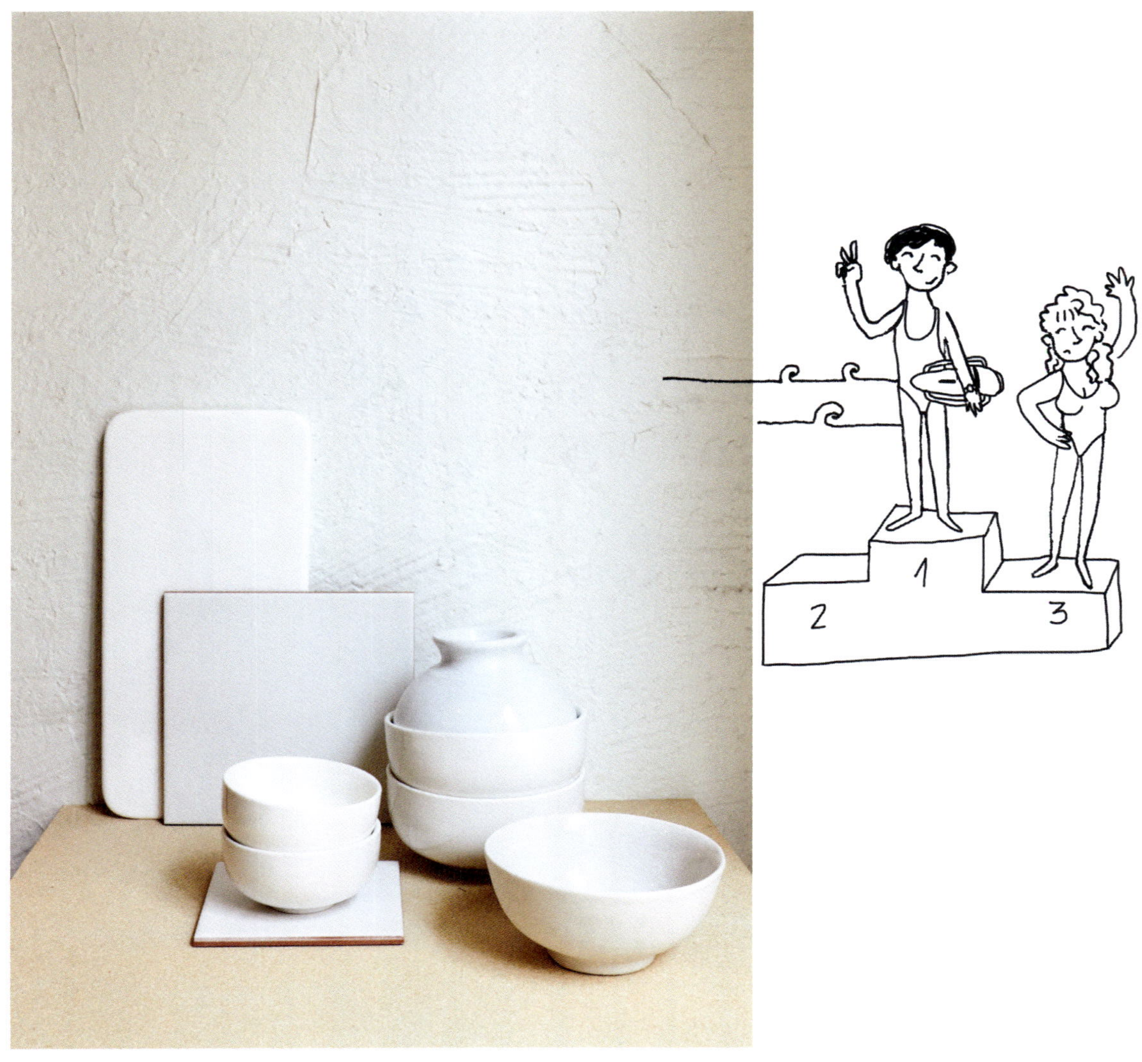

Im Kapitel über Brennöfen werden Sie noch ein paar weitere Vorgaben finden, an die Sie sich beim Aussuchen Ihres Werkstücks halten sollten. Besonders Ungeduldige können auch jetzt schon einen Blick auf Seite 104 werfen.

Wenn Sie es in die Hand nehmen, sollten Sie sich verhalten wie auf einem Dating-Portal; ganz genau hinschauen. Und falls etwas stört oder Sie einen kleinen Schönheitsfehler entdecken, entscheiden Sie spontan, ob Sie weiterhin Interesse haben oder es lieber bleiben lassen. Sehr selten kommt es vor, dass Geschirrteile einen Haarriss oder winzigen Sprung aufweisen, der mit bloßem Auge kaum zu erkennen ist, der aber dazu führen kann, dass die Wandung beim erneuten Brennen (dem dritten Brenndurchgang) zerbricht. Anders als auf Dating-Profilen sind Haare hier also eine eher negative Erscheinung.

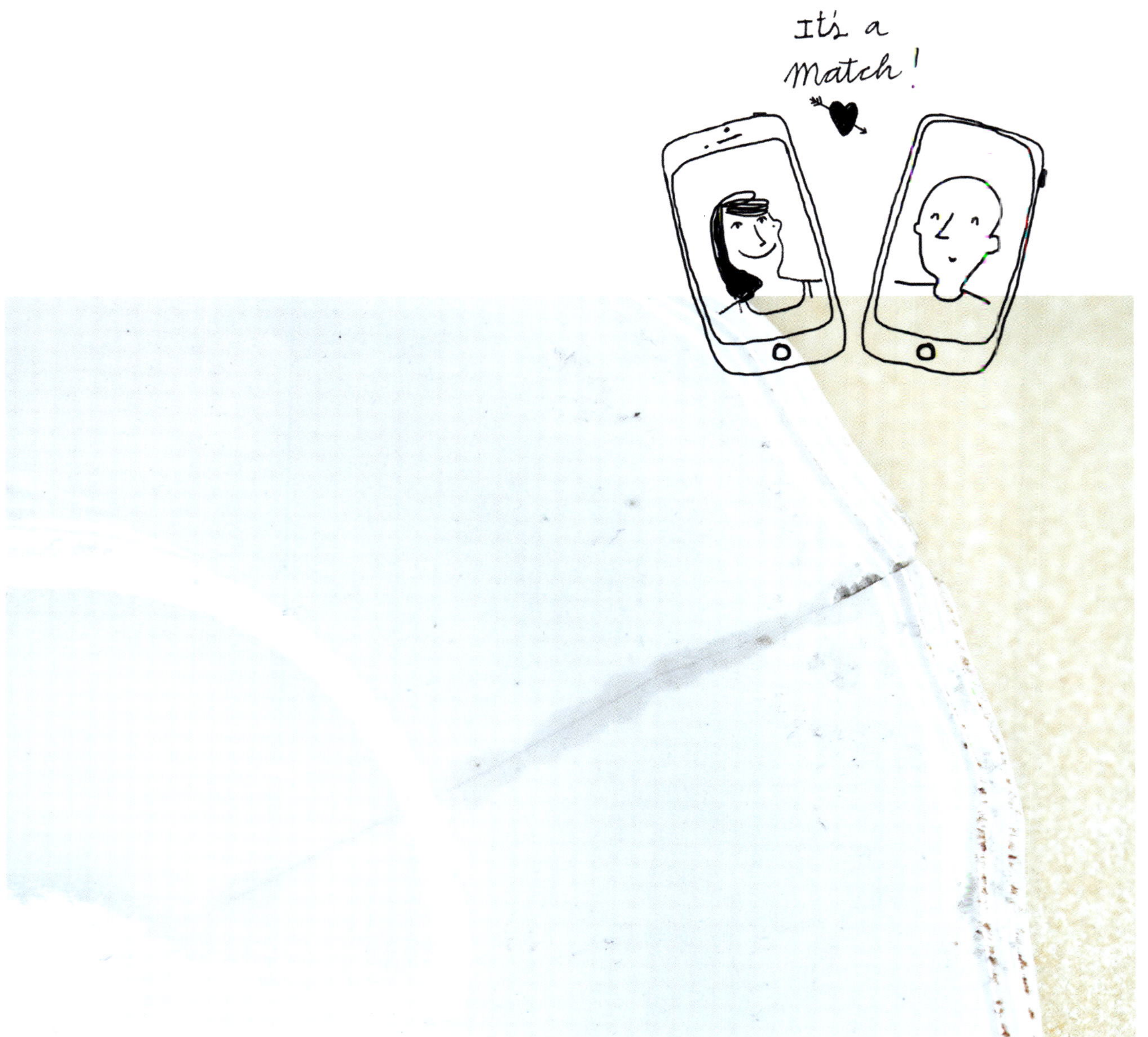

DAS DESIGN

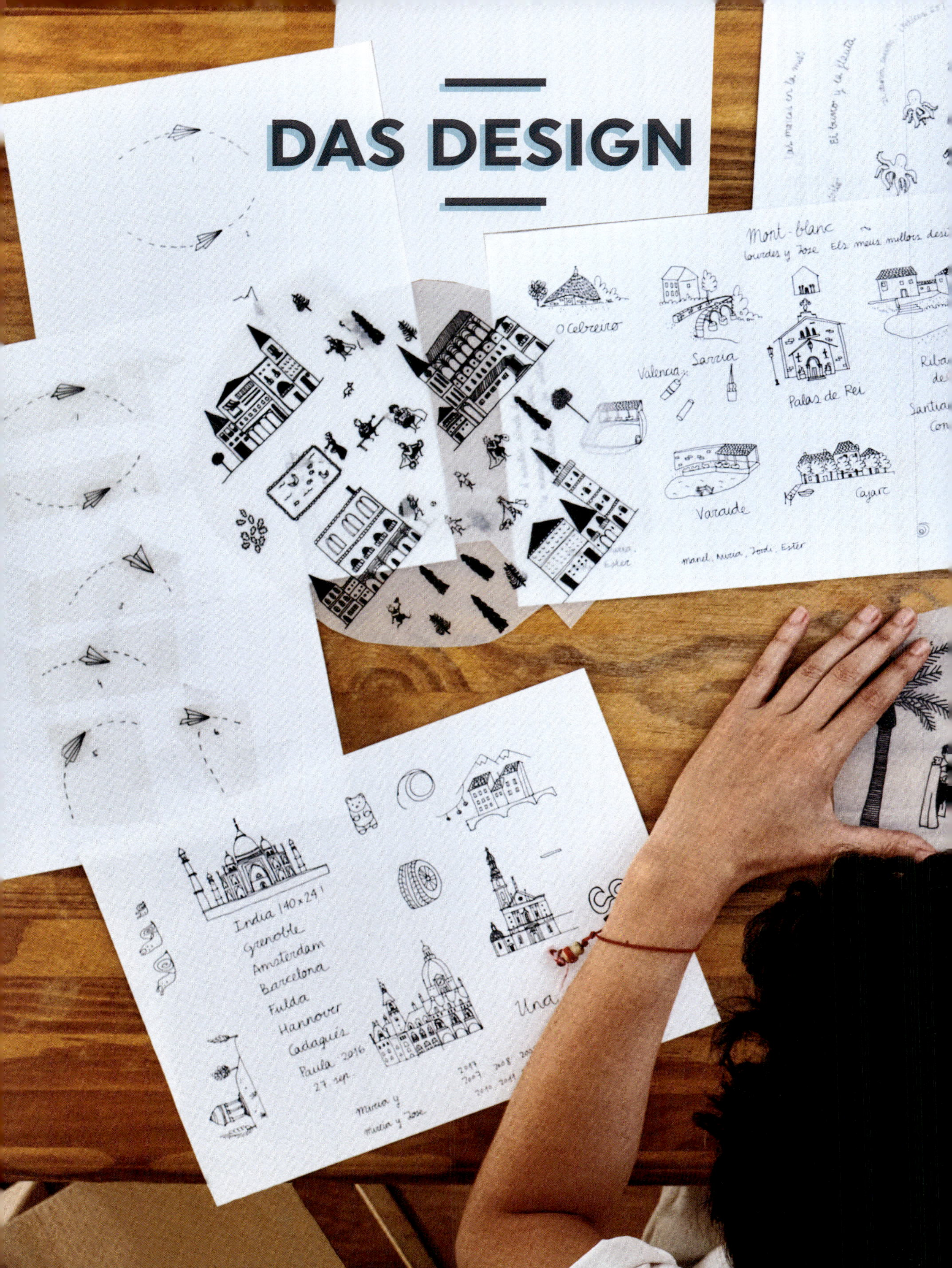

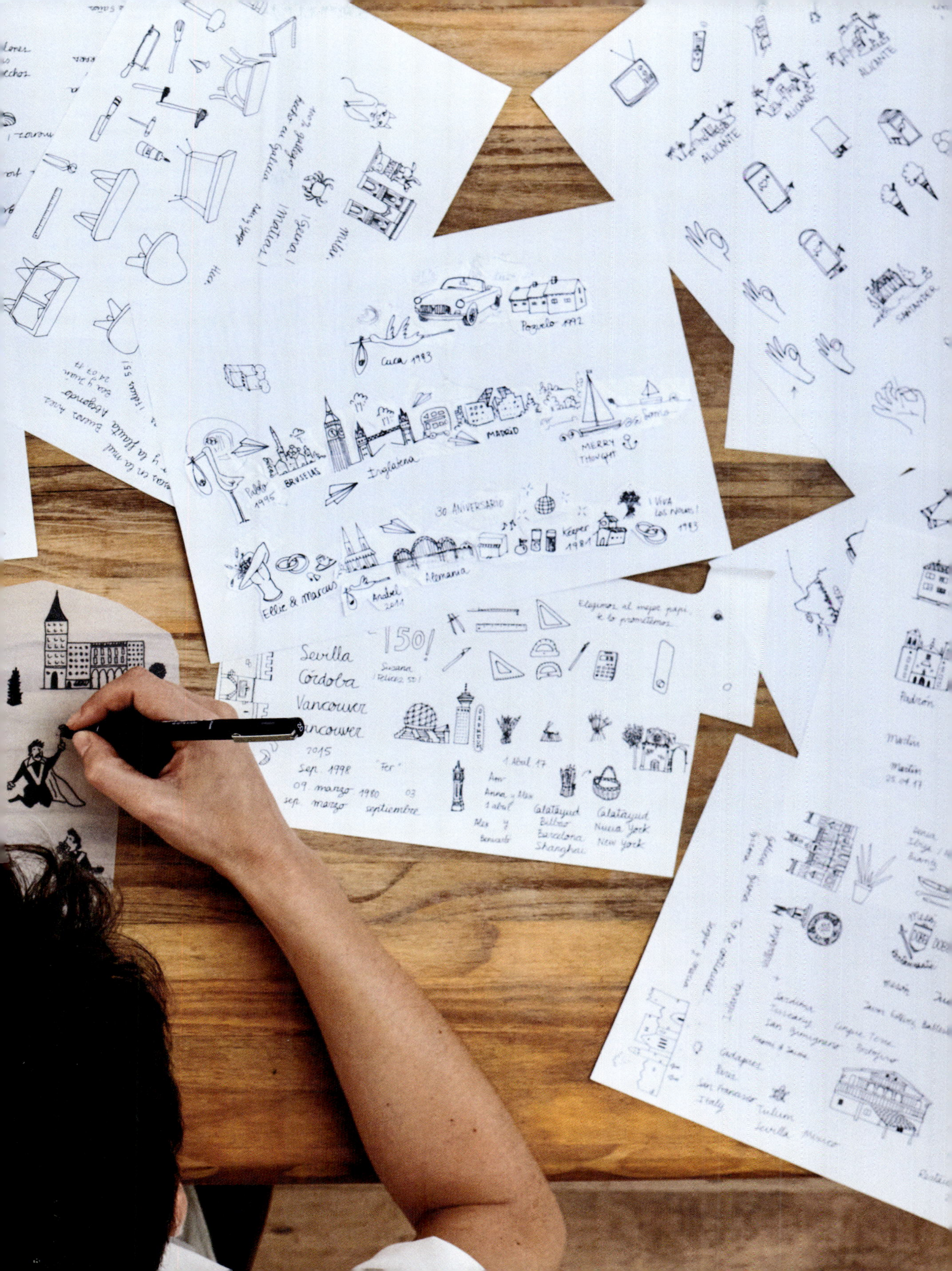

Mont-blanc
O Cebreiro
Valencia
Sarria
Palas de Rei
Varaide
Cajarc
India 140 x 24 !
Grenoble
Amsterdam
Barcelona
Fulda
Hannover
Cadaqués
Paula 2016
27. sep.
Una

ALICANTE
SANTANDER
Pozuelo 1992
Cuca 1993
BRUSELAS
Inglaterra
MADRID
MERRY THOUGHT
Pablo 1995
30 ANIVERSARIO
¡Viva los novios!
1983
Keeper 1981
Alemania
Ellie & Marcus
150!
Sevilla
Córdoba
Vancouver
Vancouver
2015
Sep. 1998
09. marzo 1980
sep. marzo septiembre
1 Abril 17
Calatayud
Bilbao
Barcelona
Shanghai
Calatayud
Nueva York
New York
Padrón
Martín
Tulum
Sevilla

Die Angst vor der weißen Fläche

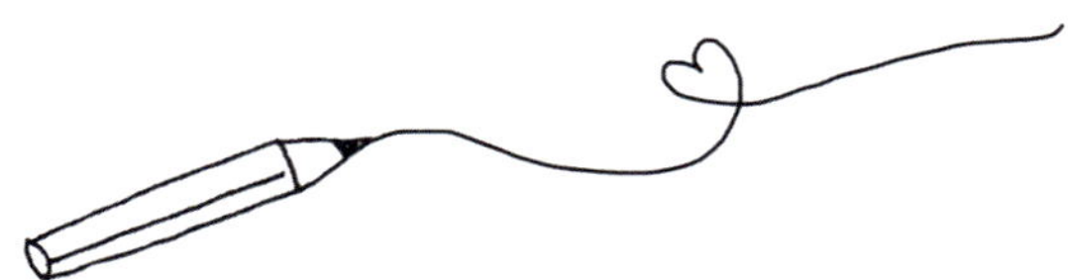

Wenn Sie ein kreatives Projekt in Angriff nehmen, ist es wichtig, dass Sie Lust darauf haben und sich vorab über alle wichtigen Aspekte klar sind. Sie sollten wissen, was genau warum, für wen, wie und wann getan werden muss. Diese Anweisungen können Sie beispielsweise von Kunden erhalten, von Ihrer Kusine, die heiraten will und sich ein Geschenk von Ihnen wünscht, oder Sie lassen sich vom eigenen Geschmack leiten, weil Sie gerade Spaß daran haben oder etwas in Ihrem Leben ändern wollen. Solche Vorgaben fallen in jeder Situation anders aus und werden Ihren kreativen Weg beeinflussen, Ihre Grenzen und Ziele bestimmen und dazu beitragen, dass Sie die Herausforderung auf die bestmögliche Weise meistern.

Ich habe nicht die Absicht, Ihnen vorzuschreiben, wie Sie ein bestimmtes Werkstück gestalten sollen. Wie käme ich dazu? Vielmehr möchte ich Ihnen die von mir angewendete Technik erklären und ein paar Beispiele vorführen, die Ihnen helfen können, beim Entwerfen und Gestalten umzudenken.

Wie schon in der Einleitung gesagt, ist jede Leserin und jeder Benutzer anders, hat eigene Fähigkeiten oder bestimmte Bedenken und verspricht sich andere Erkenntnisse aus diesem Buch. Was ich Ihnen aber ganz konkret sagen kann: Fühlen Sie sich frei, das daraus zu machen, was Sie möchten, und genießen Sie den kreativen Prozess. Wenn Sie Lust dazu haben, experimentieren Sie ausgiebig, wenn nicht, steht es Ihnen völlig frei, sich in Ihre eigene Komfortzone zurückzuziehen.

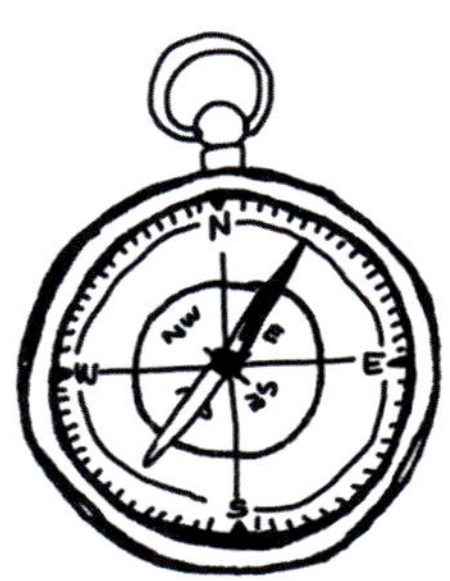

Tipps und Tricks aus meinem Atelier

PLANEN SIE IHREN ENTWURF DIREKT AM OBJEKT

Wenn ich ein Design angehe, muss ich unbedingt die Keramikteile vor mir stehen haben. Das klingt vielleicht ein bisschen übertrieben, aber erst, wenn ich sie in meiner Hand spüre, ihre genaue Größe erfasse, sie drehen und wenden kann und sie zu mehreren auf unterschiedliche Weise arrangiere, kann ich ihr ganzes Potenzial erkennen und ein wirklich passendes Design entwerfen. In diesem Moment merken Sie, wie Ihr Gehirn zu arbeiten anfängt. Probieren Sie es aus, nehmen Sie Ihre ausgewählten Objekte in die Hand und erforschen Sie sie von allen Seiten.

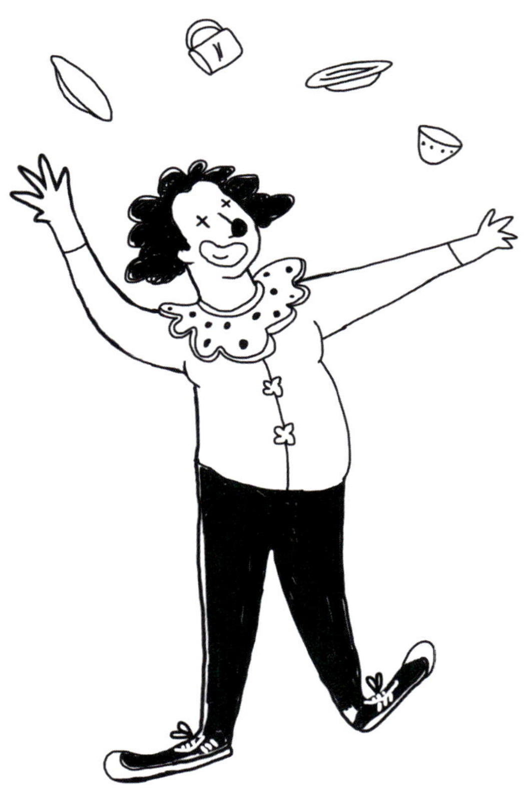

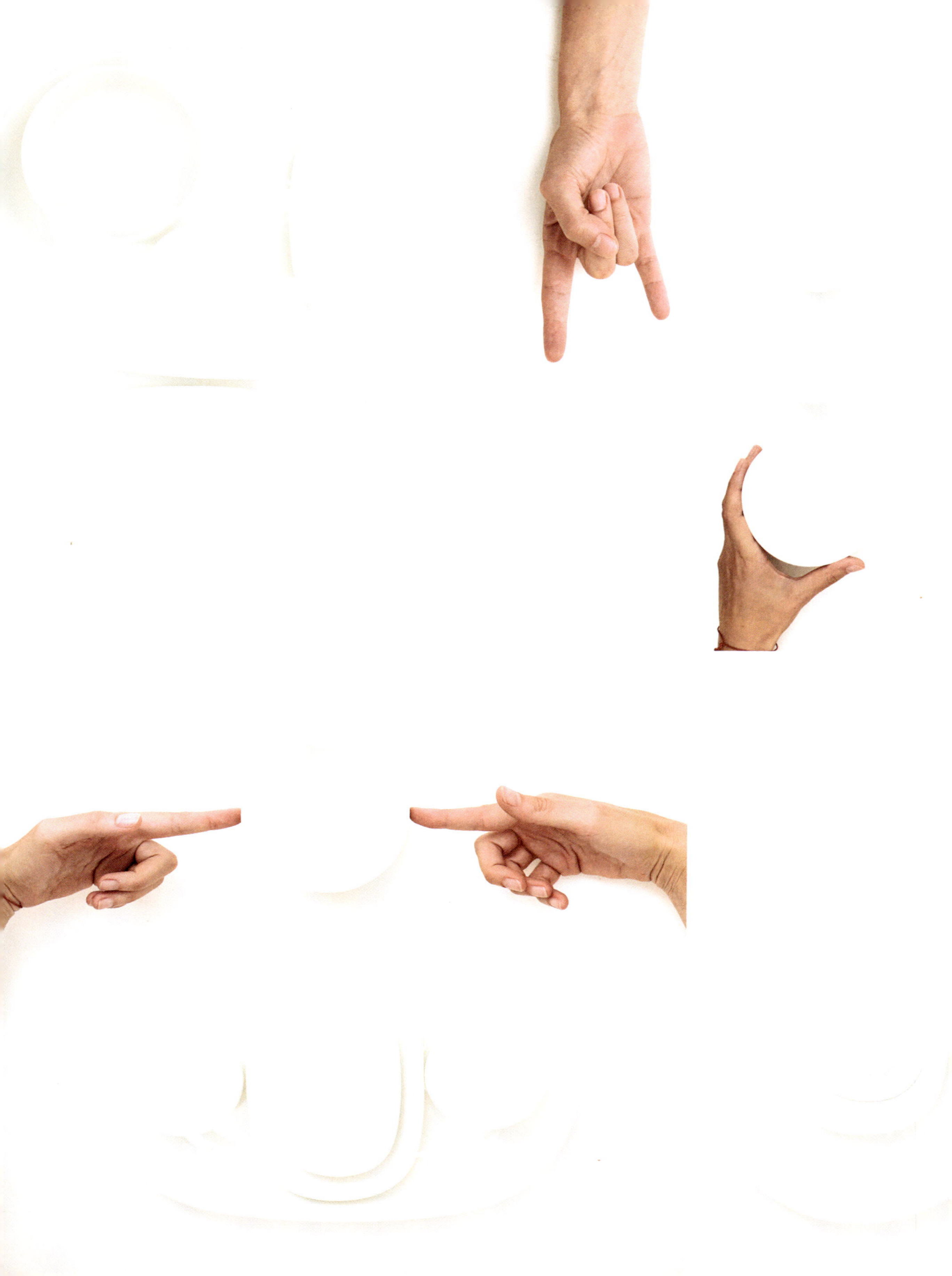

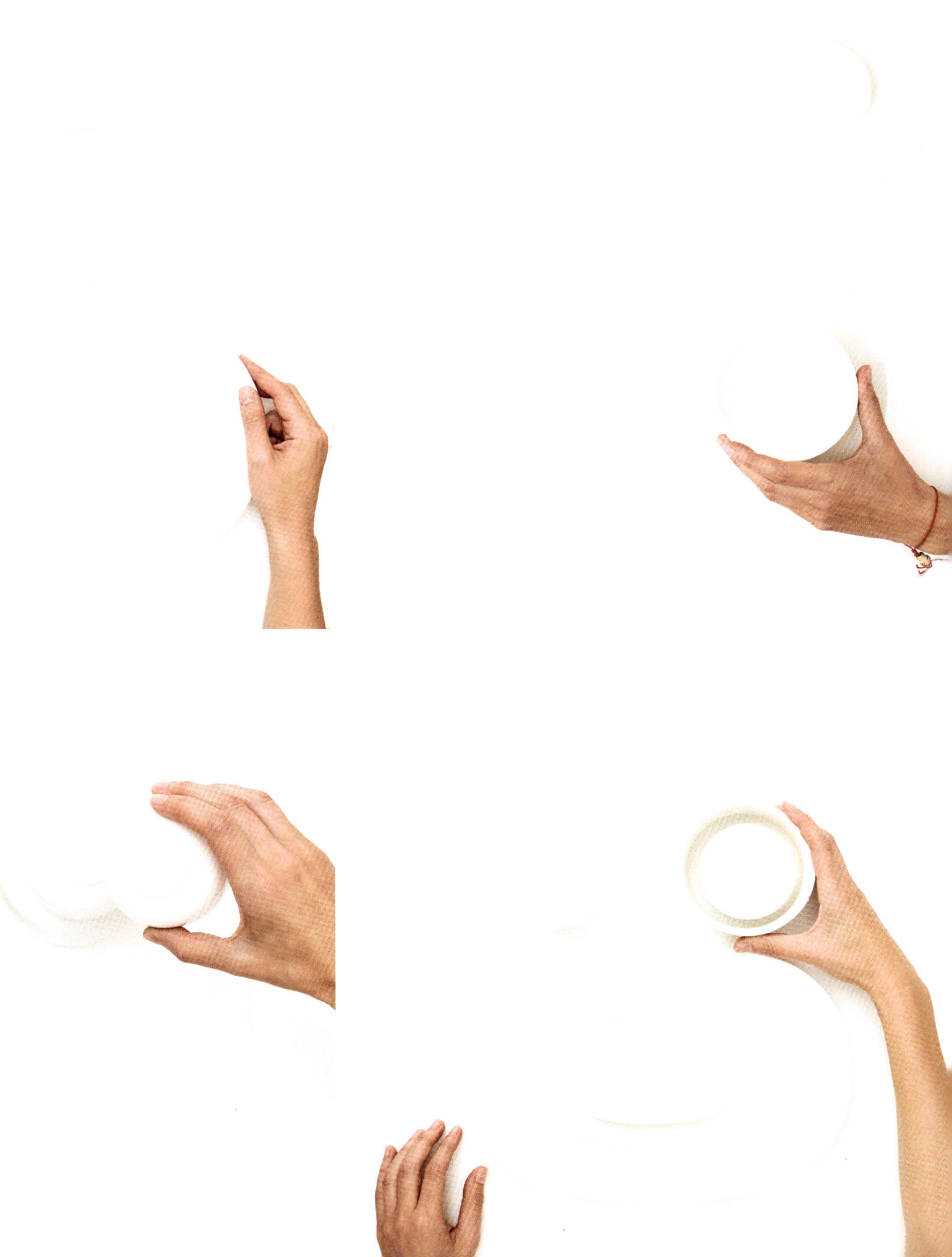

DIREKT AUF DEM WERKSTÜCK ZEICHNEN

In meiner Anfangszeit hat es mir sehr geholfen, die Motive direkt auf dem Objekt zu skizzieren, dadurch wurde mir alles viel klarer. Probieren Sie es aus, egal, ob Sie glauben, zeichnen zu können oder nicht.

Nehmen Sie einen gewöhnlichen Marker mit feiner Spitze (zwischen 0,2 und 0,8 mm) und legen Sie einfach los. Ich benutze immer Marker mit 0,2 mm Strichbreite. Falls Sie aber lieber großräumiger zeichnen, ist der vielleicht zu fein. Skizzieren Sie das, was Ihnen gerade in den Sinn kommt und Spaß macht. Ihnen fällt spontan nichts ein? Dann probieren Sie eine Blume, das Universum oder ein Gesicht aus den Ziffern 4 und 6.

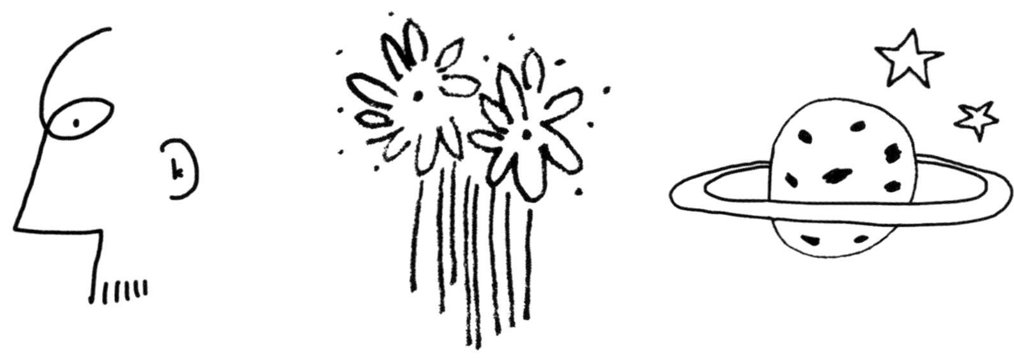

Spüren Sie, wie der Marker über die Oberfläche gleitet? Alles, was auf Keramikteile gezeichnet wird, sieht gleich viel hübscher aus, es ist wirklich unglaublich, nicht wahr? Sehen Sie sich Ihren Teller an und vervollständigen Sie Ihren Entwurf so, wie er es verlangt und es Ihnen gefällt. Manchmal halten wir Kreativen uns für so eine Art Medium zwischen dem Blatt Papier und dem Rest des Universums. Was für ein Unsinn! Sie dürfen Ihr Werkstück übrigens auch gern umdrehen und an einer anderen Stelle weiterzeichnen. Alles ist erlaubt. Achten Sie aber bitte unbedingt darauf, dass Sie Ihre Zeichnung nicht mit den Fingern berühren, sonst verwischen Sie die Tinte.

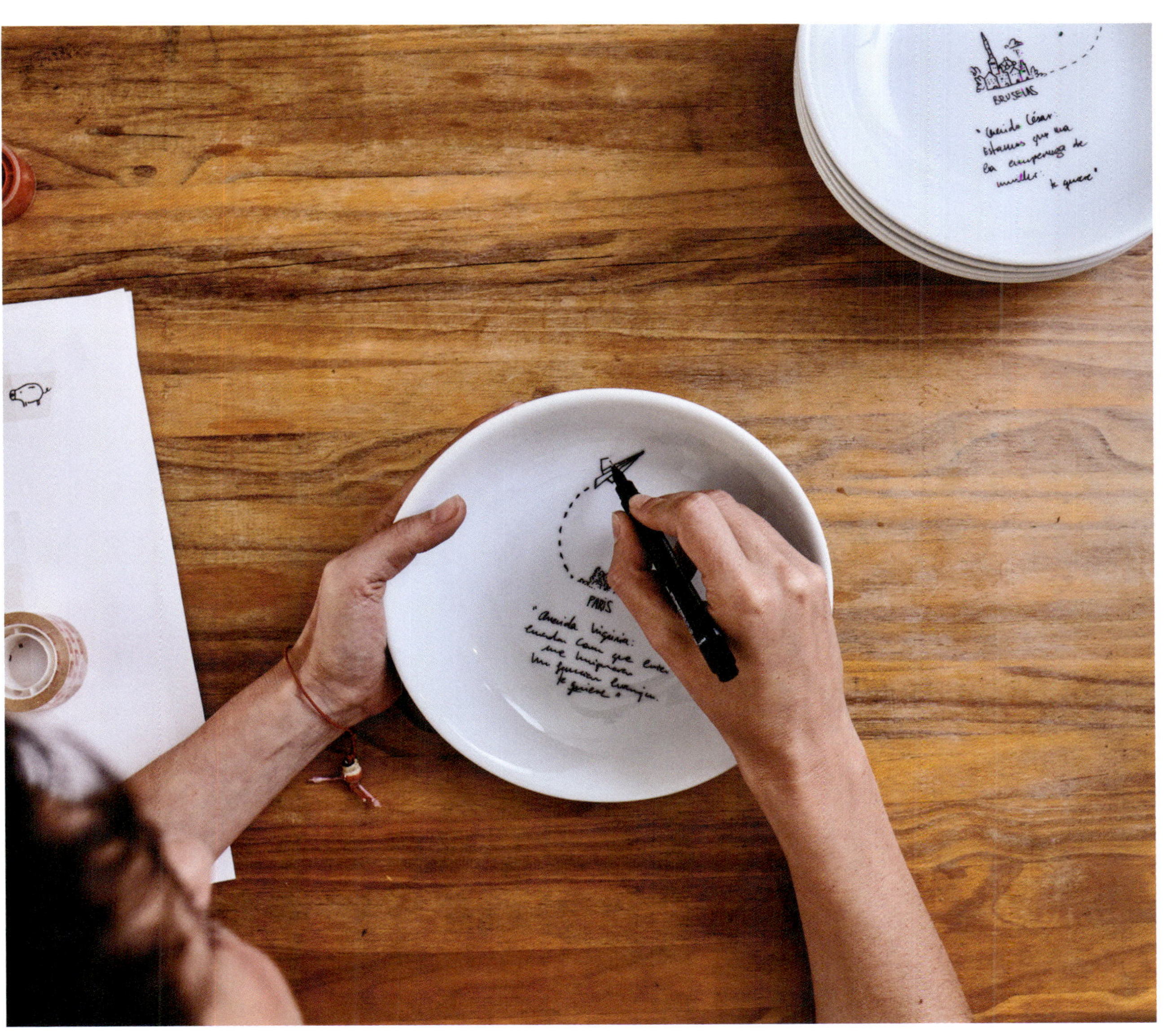
BRUSELAS
PARIS

Wenn Sie so weit gekommen sind, gibt es nur zwei Möglichkeiten: Sie finden Ihren Entwurf ganz schrecklich. In diesem Fall befeuchten Sie ein Stück Küchenpapier mit ein paar Tropfen Alkohol und wischen ihn wieder weg. Oder er gefällt Ihnen richtig gut, dann haben Sie jetzt die Grundlage für Ihr Design. Herzlichen Glückwunsch! Nun müssen Sie die Skizze nur noch auf ein Blatt Papier übertragen.

Nehmen Sie transparentes Klebeband und kleben Sie es auf das mit dem Marker gezeichnete Linienmuster. Drücken Sie es gut an, indem Sie sehr gründlich über die Oberfläche reiben, und ziehen Sie es dann vorsichtig mitsamt der an der Klebefläche haftenden Zeichnung ab. Anschließend kleben Sie das Ganze auf ein Blatt weißes Papier. Eventuell müssen Sie diesen Vorgang mehrmals wiederholen, bis Sie die Illustration segmentweise vollständig transferiert haben. Zum Schluss haben Sie jede Menge Klebstreifen mit Teilen Ihrer Zeichnung auf dem Papier, was natürlich noch etwas improvisiert aussieht. Jetzt ist es an der Zeit, die Zeichnung ins Reine zu bringen.

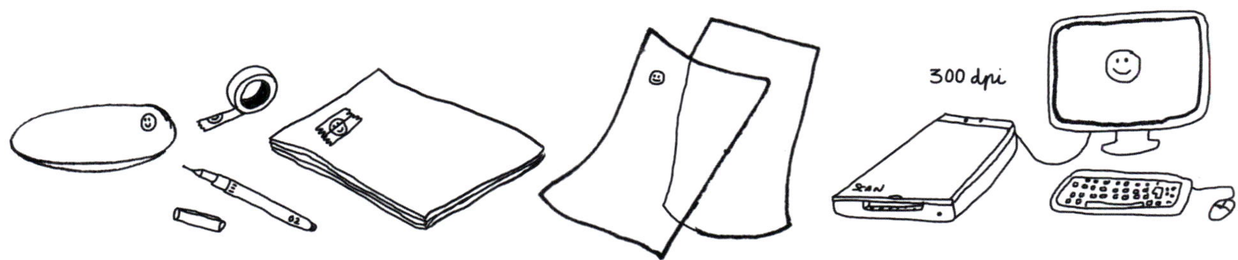

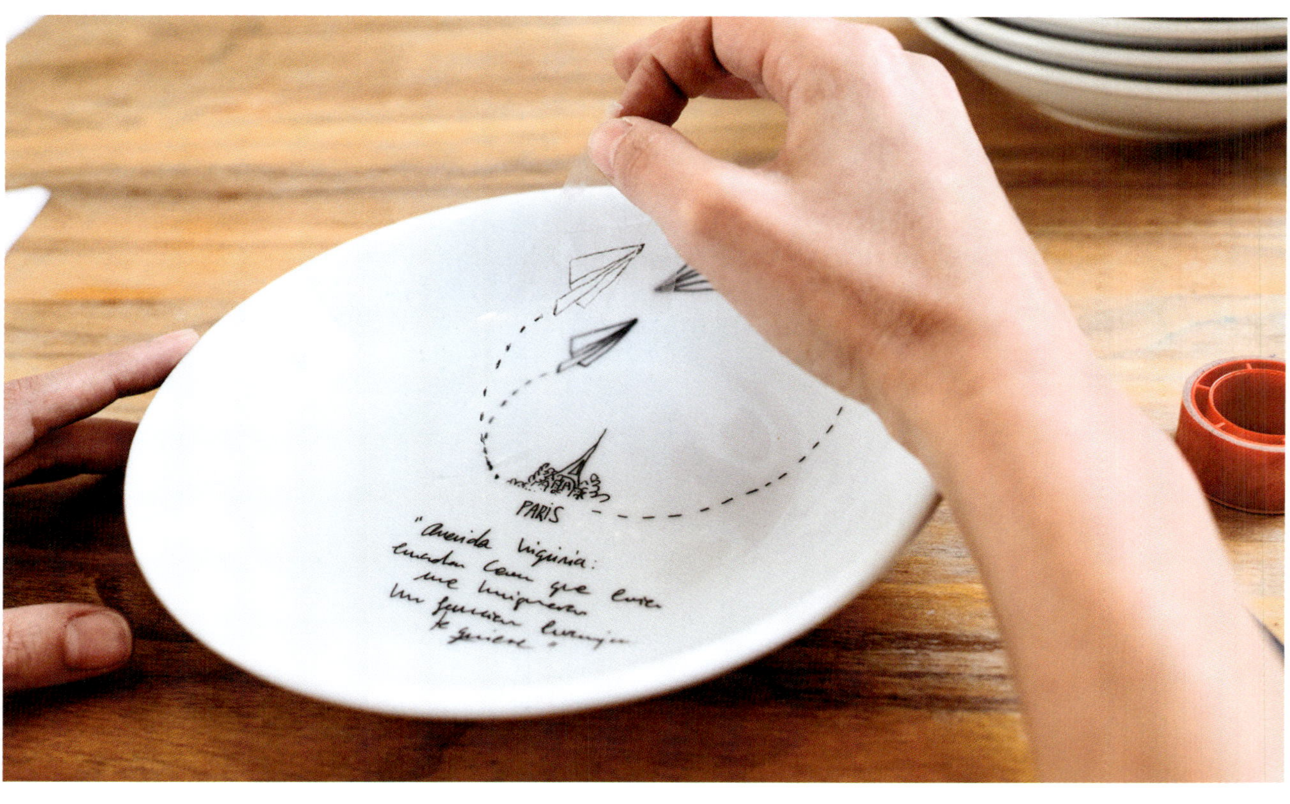

Fertigen Sie eine saubere Zeichnung an, indem Sie Ihr Design mithilfe eines Leuchtkastens oder mit dünnem Transparentpapier abpausen und anschließend mit einer Auflösung von 300 dpi scannen, damit der übertragene Entwurf exakt dieselbe Größe hat wie das Original auf dem Werkstück. Bearbeiten Sie es mit *Photoshop* oder einem anderen Bildbearbeitungsprogramm, um Verunreinigungen zu beseitigen. Diese treten ansonsten später überdeutlich zutage. Zusätzlich haben Sie noch die Möglichkeit, die Intensität des Strichs anzupassen oder kleine Korrekturen vorzunehmen. Schneiden Sie dann jedes Design digital aus und erstellen Sie für jedes eine eigene Ebene. Bitte vergessen Sie nicht, es zu vervielfältigen. Speichern Sie die Datei im Format des Bildbearbeitungsprogramms ab (im Fall von *Photoshop* also im psd-Format), bis Sie das keramische Abziehbild von dieser Vorlage anfertigen.

Dies ist ein guter Trick, um sich eine realistischere Vorstellung von Größe und Platzierung der Zeichnungen zu machen. Zusätzlich empfehle ich Ihnen, den Entwurf mit vielen zusätzlichen Details zu ergänzen, weil bei der Übertragung mit dem Klebeband viele Einzelheiten verloren gehen. Halten Sie Ihre ursprünglichen Motive ganz einfach und arbeiten Sie sie erst weiter aus, nachdem Sie sie abgepaust haben und bevor Sie sie einscannen.

Diese Technik setze ich immer noch gern ein, wenn ich Werkstücke sowohl innen wie außen dekorieren möchte.

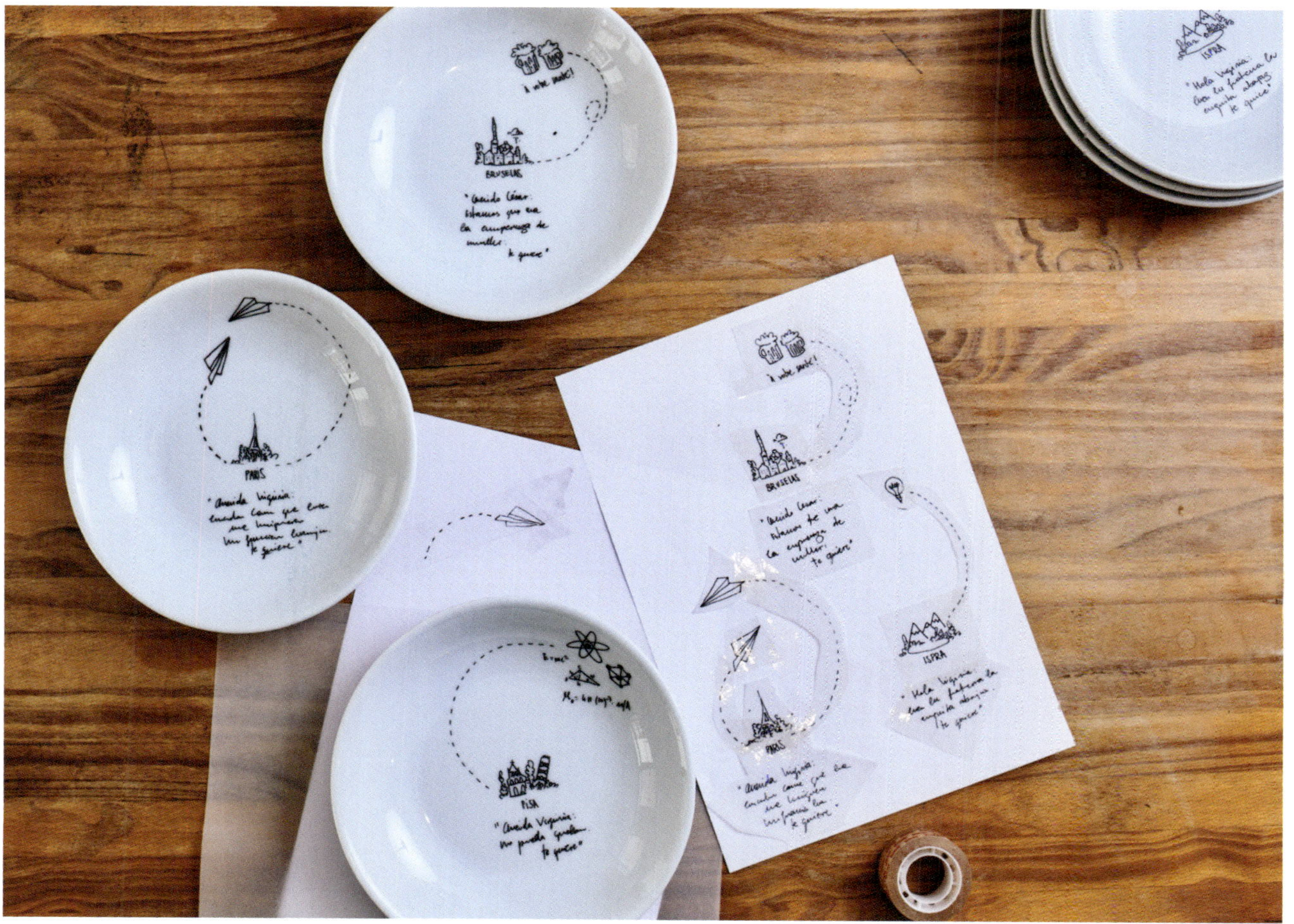

SCHNITTMUSTER ANFERTIGEN

Was ich während meiner Ausbildung zur Modedesignerin gelernt habe, ist, das Konzept des Schnittmusters zu verstehen, also von zweidimensionalen flächigen Vorgaben ausgehend räumliche Objekte zu erschaffen. Mit ein paar Blatt Papier, Bleistift und Schere habe ich kleine Schnittmuster von den Bereichen angefertigt, die ich ausgestalten möchte. Diese lassen sich dann als Schablonen nutzen, auf die gezeichnet werden kann.

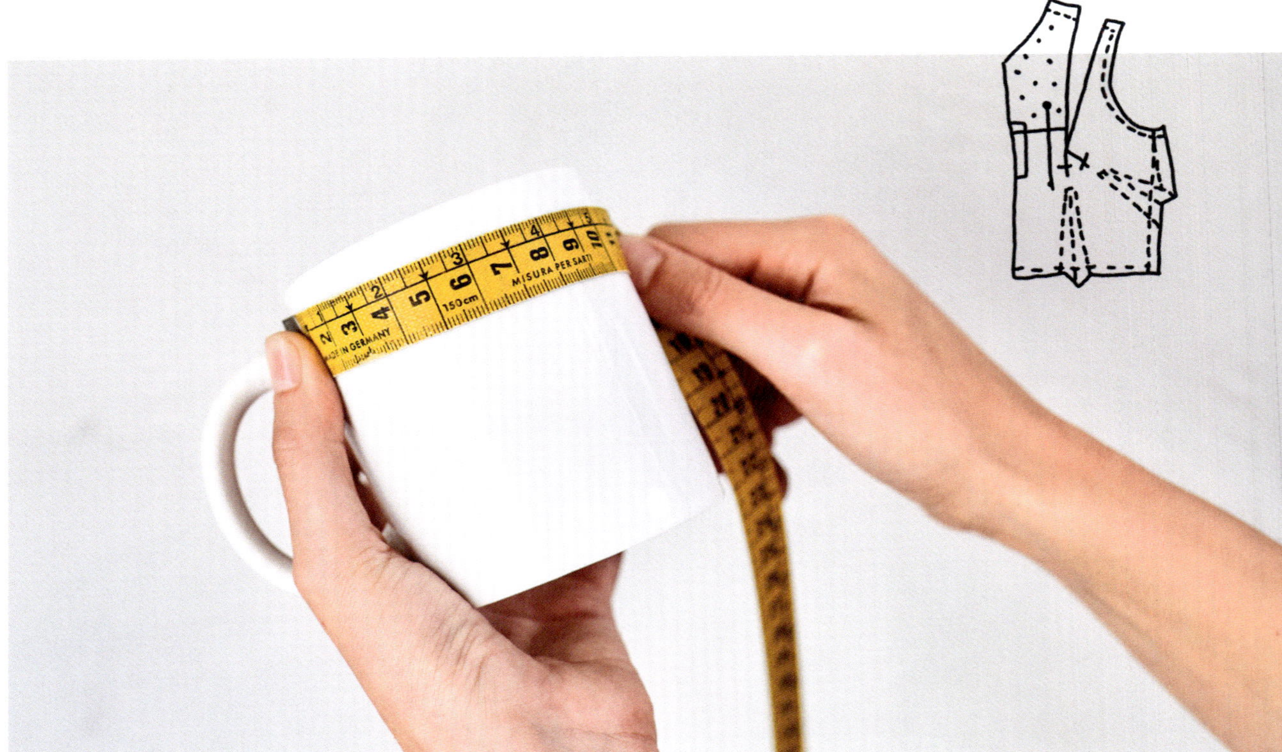

Manchmal erlebt man dabei eine Überraschung – wie zum Beispiel bei einem zylindrischen Kaffee-Becher (aus dem man natürlich auch Tee zum Frühstück trinken kann). Er ist zwar rund, als Schnittmuster ergibt sich aber nur ein einfaches Rechteck.

Wenn Sie sich die Arbeit sparen möchten, den direkt auf das Werkstück gezeichneten Entwurf erst auf Papier zu übertragen, oder Sie Ihr Objekt mit anderen Farben wie zum Beispiel Aquarell oder Filzstift verschönern möchten, dann ist dies Ihre Technik. Schneiden Sie das Papier passend in der Größe des zu dekorierenden Stücks zu. Um den genauen Umfang zu übertragen, legen Sie den Papierbogen einfach eng um das Werkstück und schneiden den überlappenden Rest weg. Nun zeichnen Sie direkt auf das Schnittmuster. Scannen Sie den Entwurf mit 300 dpi Auflösung ein, entfernen Sie Flecken und speichern Sie ihn ab, um daraus später das Abziehbild herzustellen.

ABZIEHBILDER AUF GEWÖLBTEN FLÄCHEN

Falls Sie inzwischen versucht haben, Schnittmuster von einer Schale anzufertigen, würden Sie mir jetzt wahrscheinlich am liebsten den Hals umdrehen. Wie Sie dabei festgestellt haben werden, ist es frustrierend, Transferbilder auf konkave oder konvexe Flächen zu platzieren. Ein flaches Abziehbild auf kugeligen Objekten wie Schüsseln, Teekannen oder Espressotassen zu applizieren, das ist wirklich hohe Kunst!

Damit Sie besser verstehen, was ich meine, probieren Sie bitte ein paar ganz einfache Experimente aus. Nehmen Sie ein Stück Papier und stellen Sie sich vor, es sei Ihr Abziehbild. Versehen Sie es lückenlos mit Musterungen, sodass keine einzige Stelle mehr weiß bleibt. Versuchen Sie dann, ein Keramikteil so damit zu bedecken, dass das Papier faltenfrei aufliegt. Haben Sie ein flaches, ebenes Werkstück wie zum Beispiel eine Fliese gewählt, dann ist das ein Kinderspiel. Haben Sie sich jedoch eine kugelige oder gewölbte Form ausgesucht, dann verstehen Sie jetzt, was ich vorhin gemeint habe: Es ist schlichtweg unmöglich!

Jetzt zerschneiden Sie bitte Ihr Papier in unterschiedlich breite Streifen und wiederholen den Versuch. Sie erkennen den Unterschied? Nun funktioniert das Ganze: Je schmaler die Streifen sind, desto besser passen sie sich an die Rundungen und Wölbungen an.

Natürlich sind die keramischen Abziehbilder viel dünner und elastischer als das verwendete Papier, aber nach diesem Vorversuch haben Sie eine Vorstellung davon, was sich leicht dekorieren lässt (Papier bleibt beim Auflegen wunderbar glatt), was schon etwas mehr Fingerspitzengefühl erfordert (Papier hat ein paar kleine Falten bekommen) oder was Sie zu dem Schluss kommen lässt: «Ich ändere das Design, so funktioniert das nie und nimmer.» (Papier lässt sich absolut nicht an die Oberfläche anpassen.)

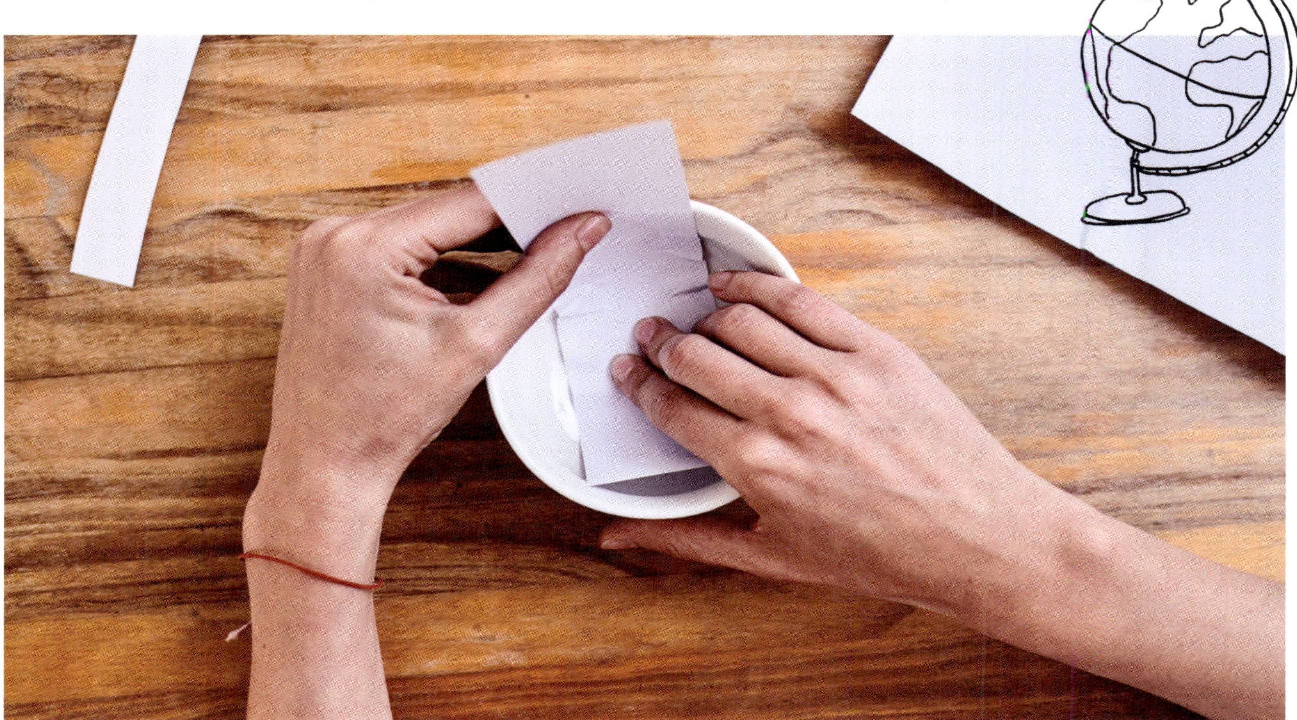

Um Ihnen das Leben leichter zu machen, rate ich Ihnen dringend davon ab, dunkle oder bereits bemalte Untergründe dekorieren zu wollen. Leere und weiße Flächen lassen Ihnen mehr Spielraum, eigene Zeichnungen einzeln auszuschneiden und separat zu applizieren. Sollten sich in diesen Bereichen Bläschen bilden, können Sie diese mit der Schere beseitigen oder einfach ignorieren, weil sie beim Brennen sowieso spurlos verschwinden.

Außerdem empfehle ich Ihnen, Ihre Entwürfe zu Hause auszudrucken und schon einmal probeweise zu positionieren, um zu erahnen, ob das Anpassen problematisch werden könnte. Falls Sie das befürchten, verkleinern Sie das Motiv.

Es ist wichtig, dass Sie sich die Grundlagen zum Hantieren mit Papier an gewölbten Flächen immer wieder vergegenwärtigen, weil Sie sich dadurch schon beim Entwerfen eine Menge Enttäuschungen ersparen. Zwei Dinge müssen Sie sich dabei merken: 1. Bauchige oder eingewölbte Wandungen und flächige Abziehbilder vertragen sich nicht sonderlich gut. 2. Die weißen Bereiche bleiben transparent und sind daher weniger problematisch.

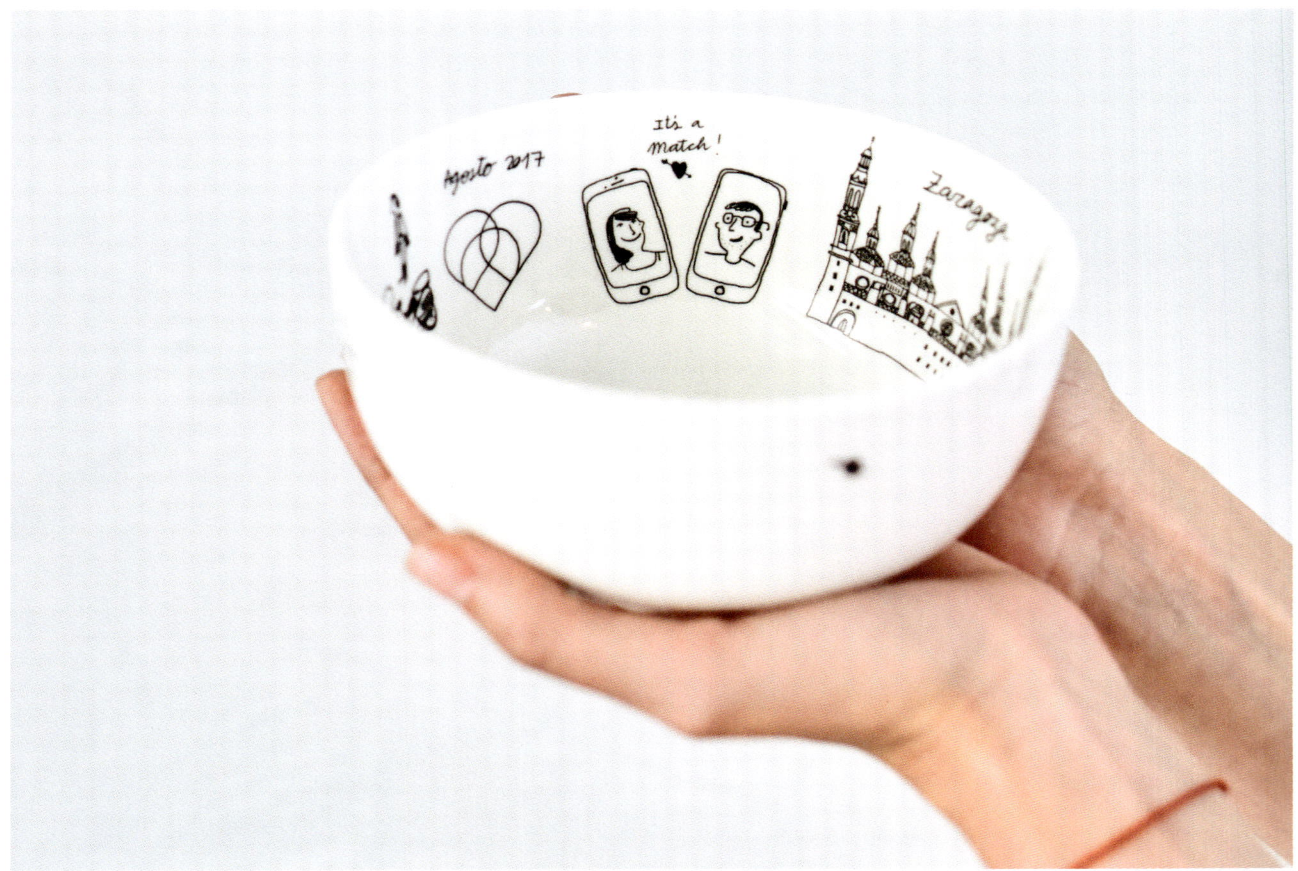

OBJEKTE FOTOGRAFIEREN

Falls Sie eher digital als analog arbeiten, können Sie Ihre Werkstücke fotografieren und das Bild mit einer Auflösung von 300 dpi in Originalgröße in ein *Photoshop*-Dokument übertragen. So haben Sie die Möglichkeit, direkt am Rechner Ihr Design auf die Form zu skizzieren und die Entwürfe 1:1 so, wie sie sind, für das geplante Abziehbild zu übernehmen. Der Nachteil dieser Methode ist jedoch, dass Sie jeweils nur eine Ansicht Ihres Werkstücks bearbeiten können, was die Gestaltung ein wenig einschränkt. Auch hier sollten Sie unbedingt Probedrucke machen.

PROBLEMLÖSUNGEN

Nachdem Sie jetzt mit allen Schwierigkeiten und Grenzen dieser Gestaltungstechnik für keramische Oberflächen bestens vertraut sind und bereits wissen, wie man Tücken umgehen kann, ist es an der Zeit, Entscheidungen zu treffen. Überlegen Sie sich, wie Ihre Entwürfe beschaffen sein müssen, damit sie sich tatsächlich umsetzen lassen. Es kann auch sinnvoll sein, verschiedene Techniken zu kombinieren, so wie ich es bei meinen bekannten *Cuncas* gemacht habe. Aus solchen Keramiktrinkschalen wird in Galicien Wein ausgeschenkt.

Für meine Kreationen habe ich Skizzen direkt auf die Werkstücke gezeichnet, sie dann mit Klebstreifen in zweidimensionale Form gebracht, auf dem Papier überarbeitet, eingescannt und ausgedruckt, um zu überprüfen, ob die Größe stimmt. Ich habe gerasterte Schnittmuster an die Wandungen angepasst und die Rohentwürfe am Rechner überarbeitet und digitalisiert. Wahnsinn, nicht wahr?

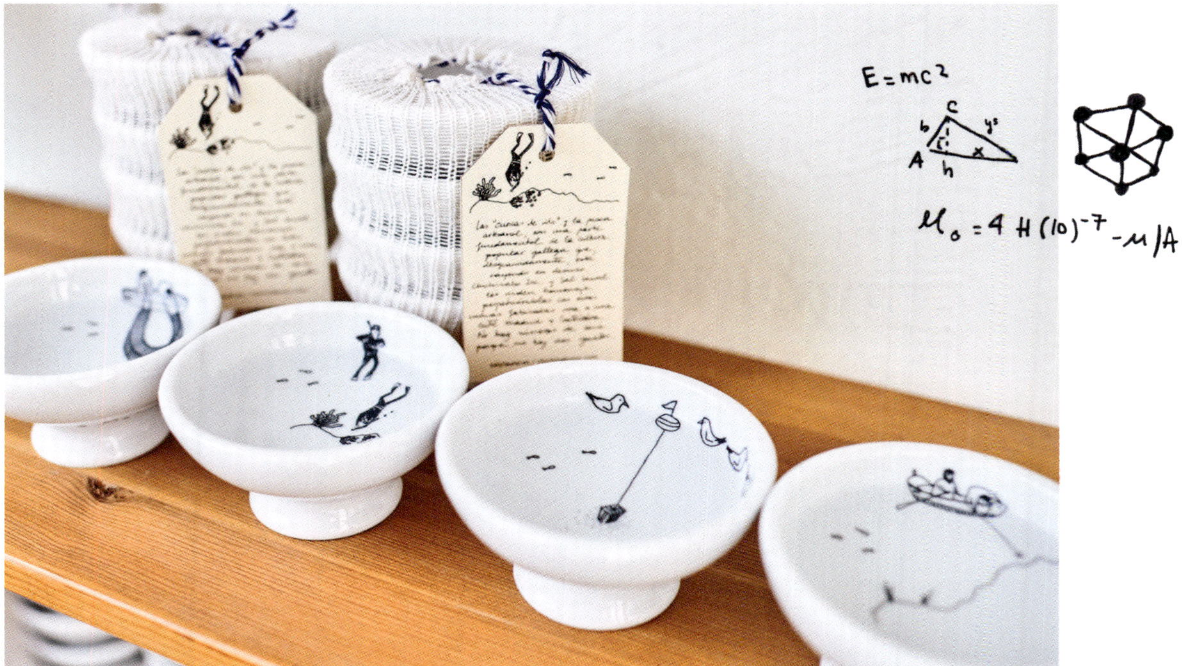

Kreative Ansätze

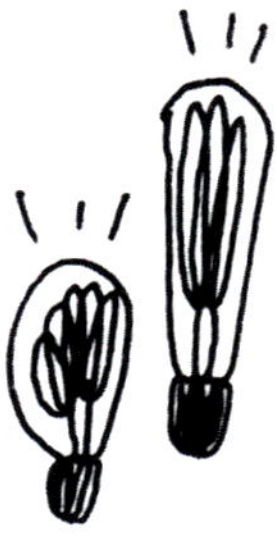

Da gerade die Rede von den galicischen *Cuncas* ist, möchte ich Ihnen ein paar Impulse und Anregungen geben. Manchmal kommen Ideen für ein originelles Design, wenn man sich überlegt, wozu das Erzeugnis später dienen soll, was und wie davon gegessen, daraus getrunken wird. Bei meinen Trinkschalen ist es so, dass sich im Inneren ein kleiner See bildet, wenn man sie mit Weißwein füllt. In diesem «Gewässer» können die gezeichneten Figuren dann wunderbar schwimmen, tauchen oder angeln.

Gelegentlich läuft es mit der Inspiration auch andersherum, wie bei meinem Set von Aperitifschälchen. Bei der ersten Kollektion ließ ich mich von den Tellerchen für Tapas inspirieren, die man in traditionellen Madrider Bars zu jedem Getränk hingestellt bekommt – und schon hatte ich mein Design. Ich beschloss, das Set so zu gestalten, dass man damit auch zu Hause kleine Snacks ganz stilecht servieren kann.

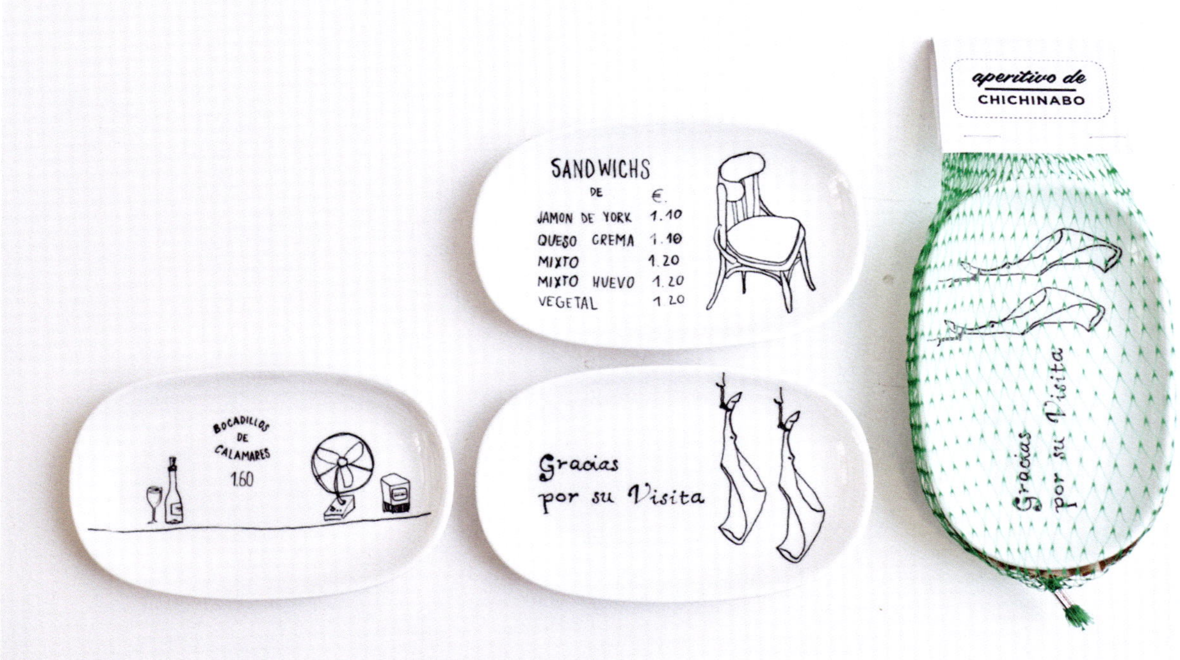

Auch die Art, wie das Geschirr gestapelt oder arrangiert wird, kann Gestaltungsideen liefern und zum Beispiel dazu einladen, mit der Perspektive zu spielen.

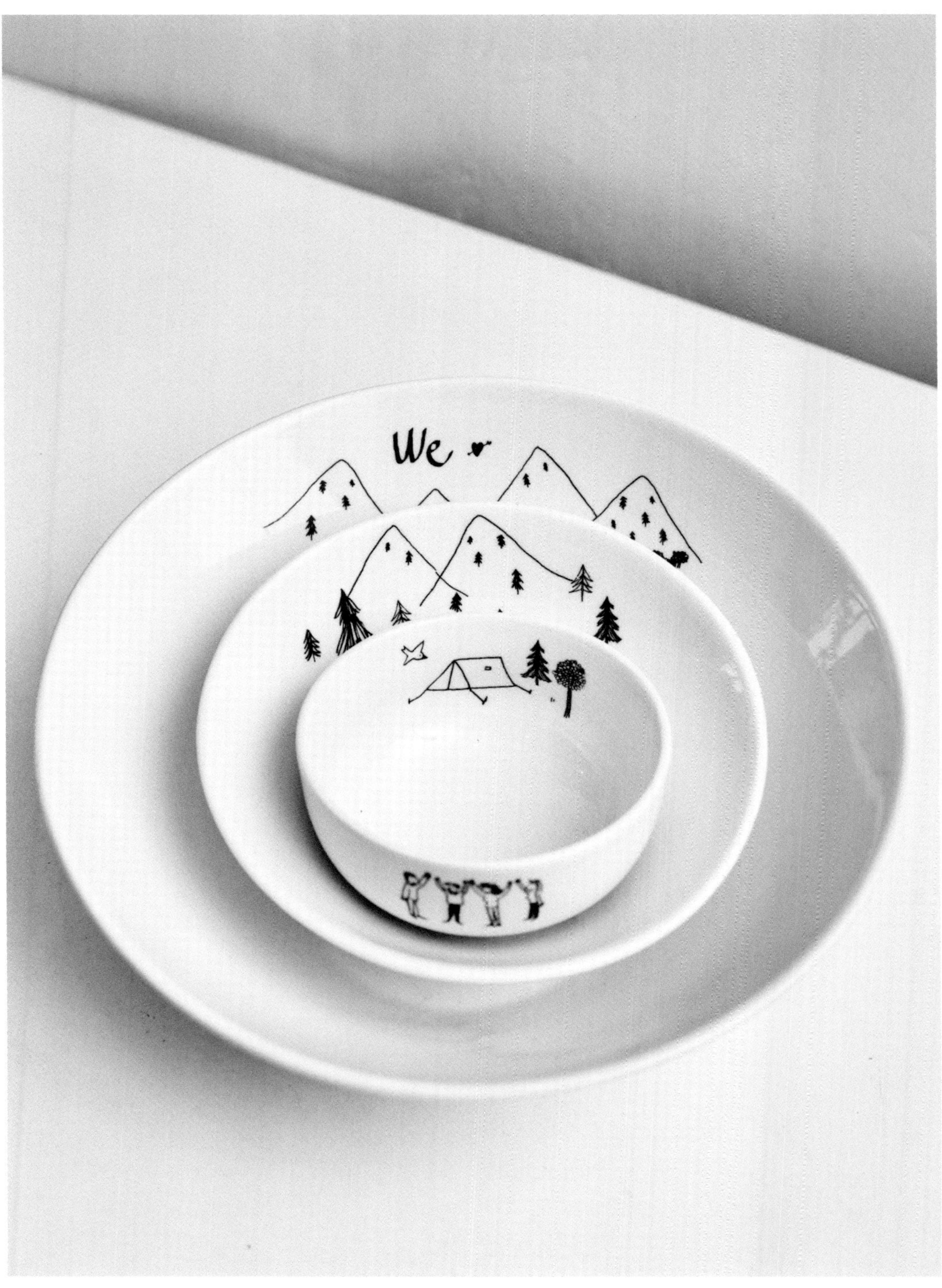

Oder es gibt Geheimnisse zu lüften, wenn etwa
eine ganz einfache Kaffeetasse umgedreht wird.

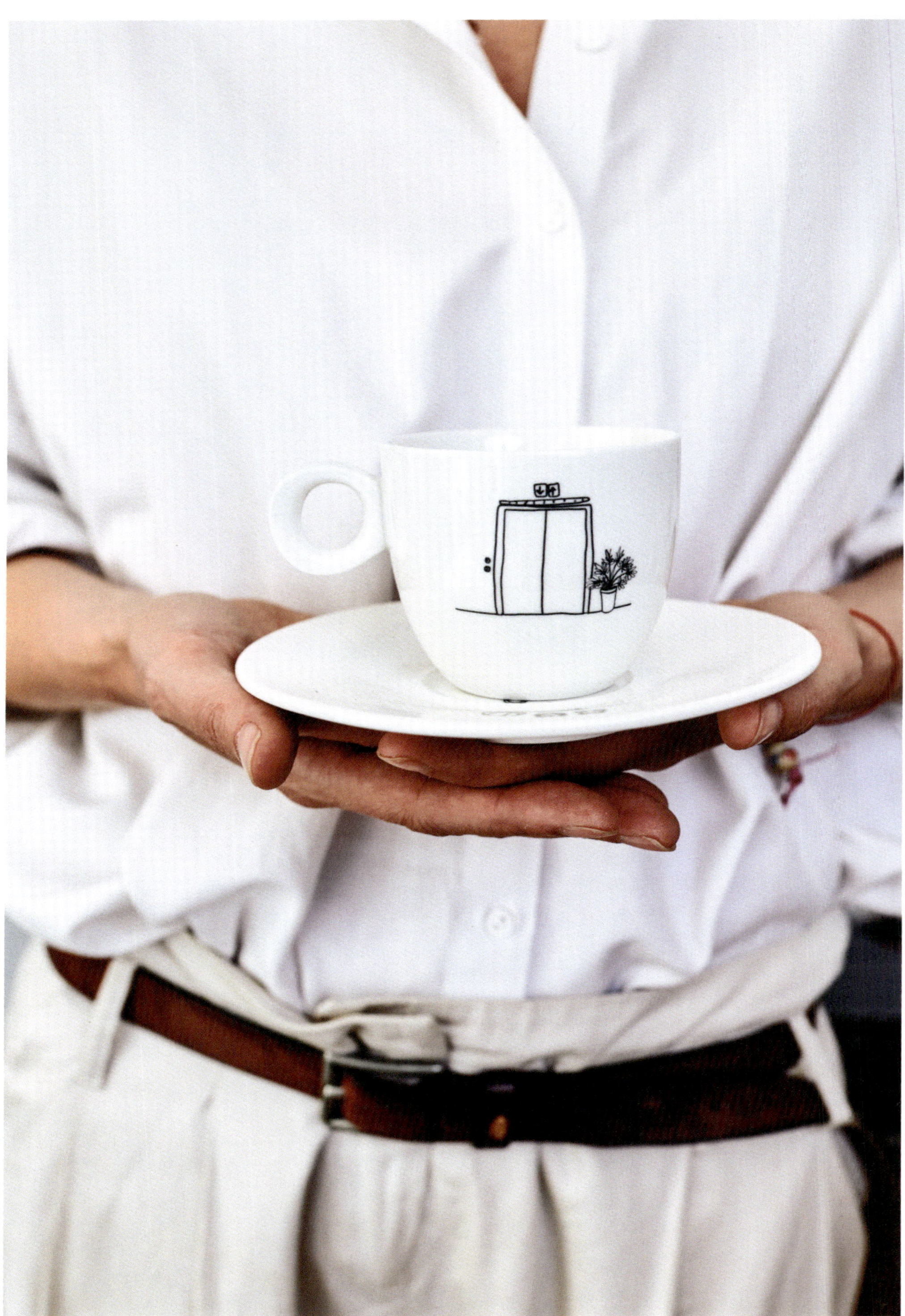

Oder es sind überraschende Wendungen zu entdecken, wenn man die Tasse anhebt. Hier ist es übrigens ein Heiratsantrag.

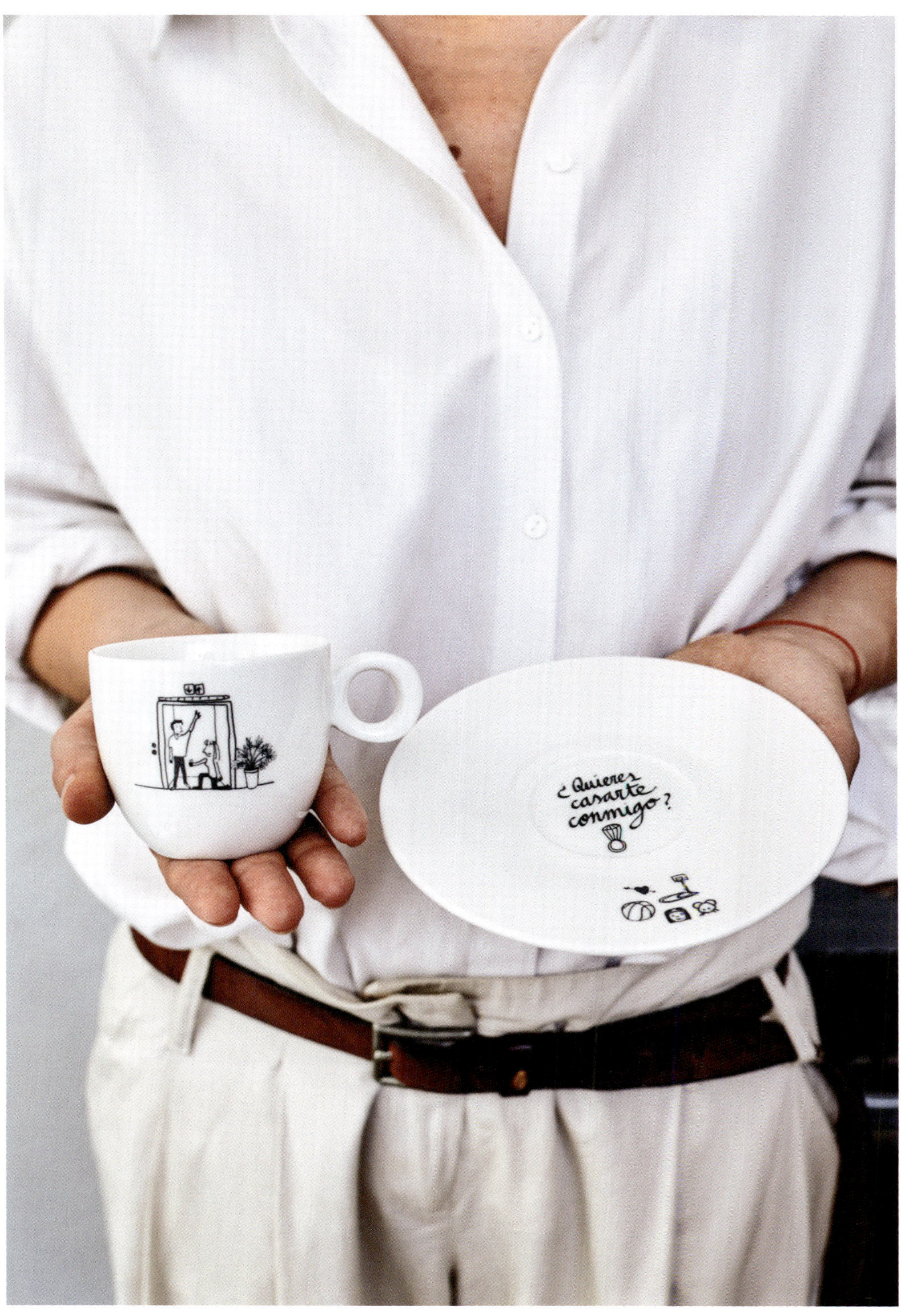

Oder, wenn wir schon mal beim Thema sind, stellen Sie sich ein Paar vor, das sich am Tisch gegenübersitzt. Erschaffen wir für die beiden ein gemeinsames Lieblingsstück?

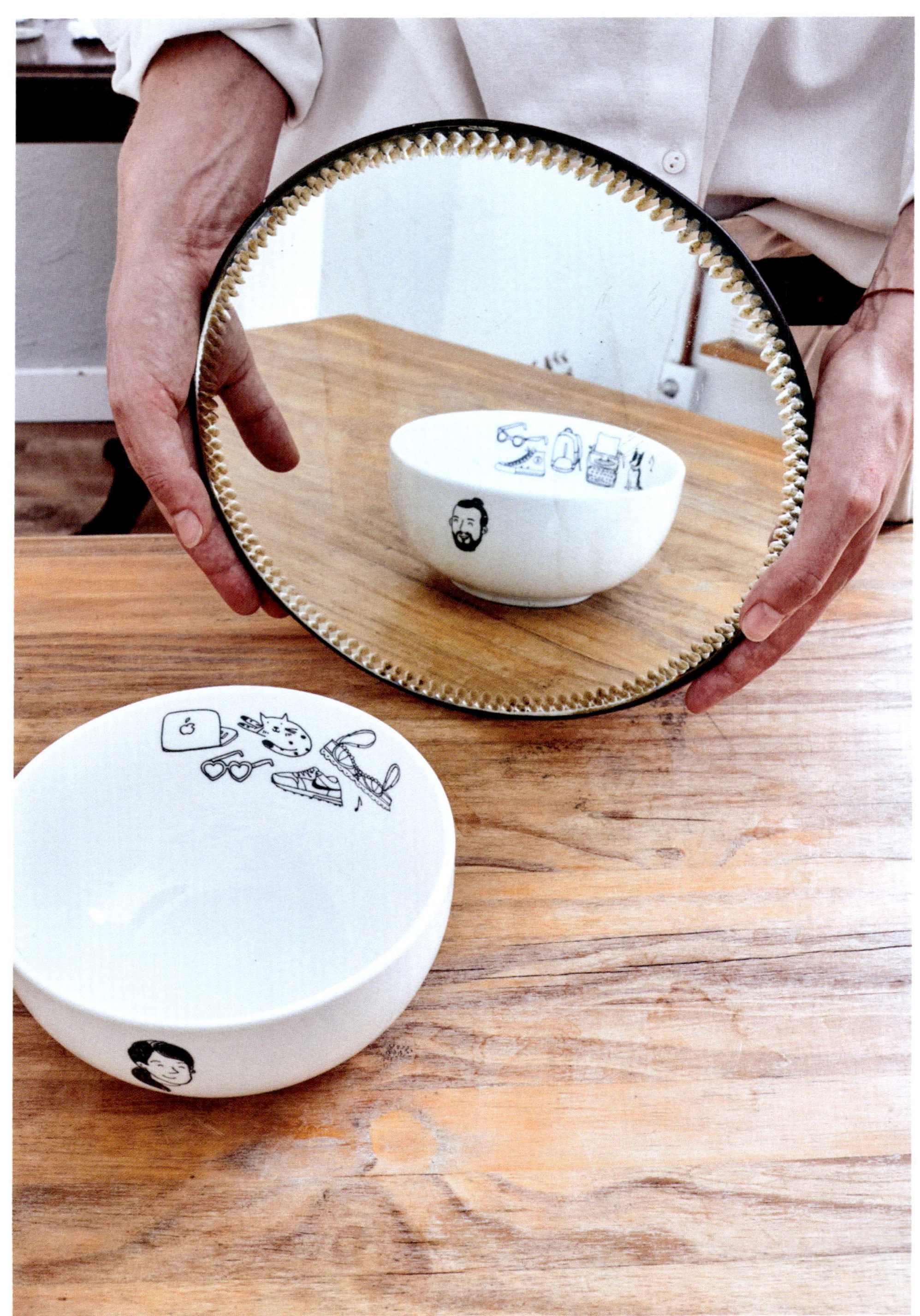

Auch die Herkunft der Produkte, die in Ihrem individuell gefertigten Keramikgeschirr offeriert werden, kann als Inspirationsquelle dienen. Mir ging es so bei dem Entwurf für mein Salz- und Pfefferstreuer-Set. Das Salz kommt aus dem Meer, der Pfeffer wächst auf Plantagen – also dachte ich über Dinge nach, die Meer und Land repräsentieren und sich auf den vier Seiten der Streuer abbilden lassen, um so auf ihren Inhalt anzuspielen. Das Ergebnis waren dann die Badenixe und der eifrige Wanderer mit seinem dicken Rucksack, die jetzt beide fröhlich auf dem Tisch unterwegs sind.

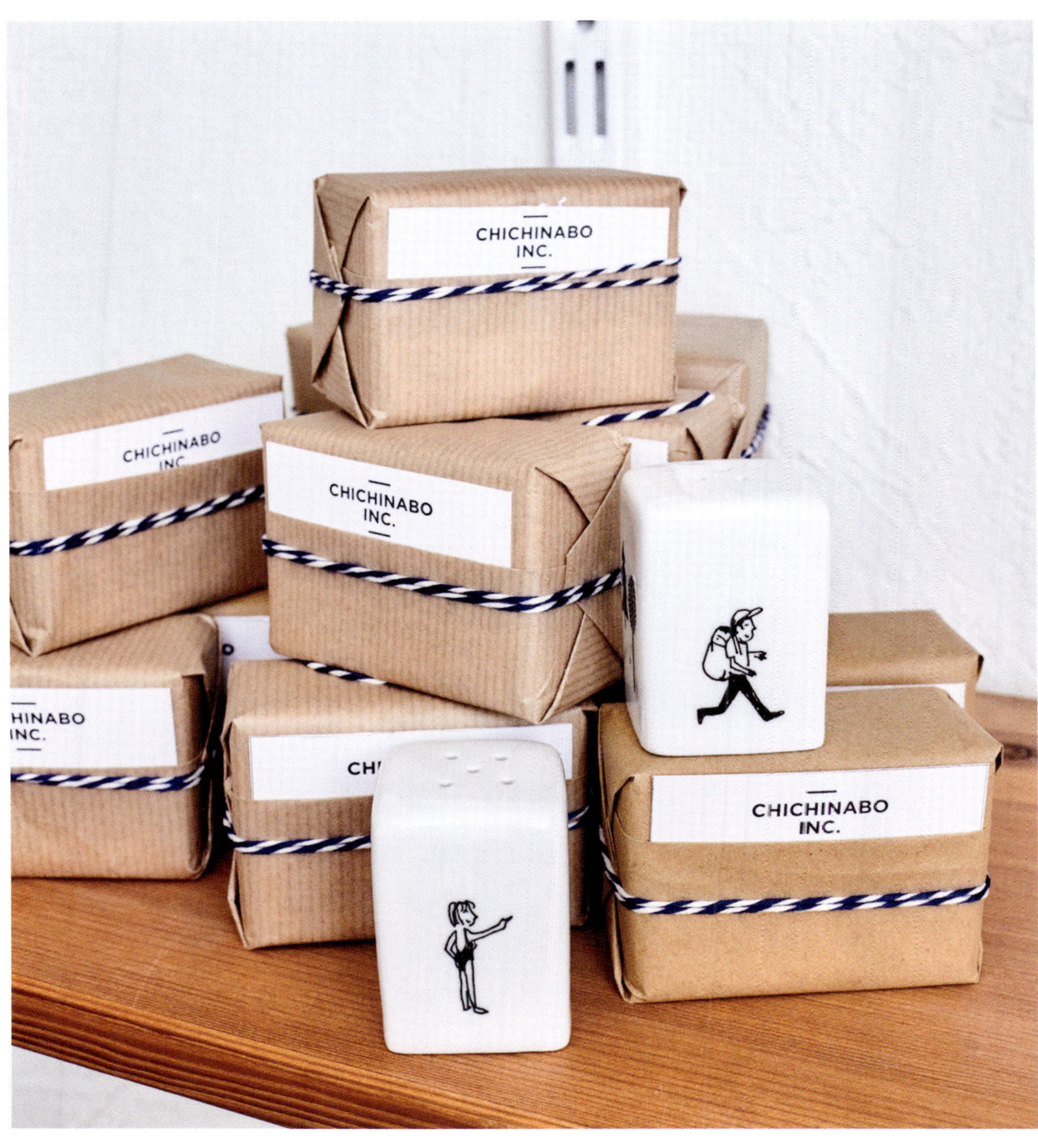

Sie könnten beispielsweise auch Teller wie Puzzleteile gestalten, die sich auf dem Esstisch zu einem Gesamtkunstwerk ergänzen.

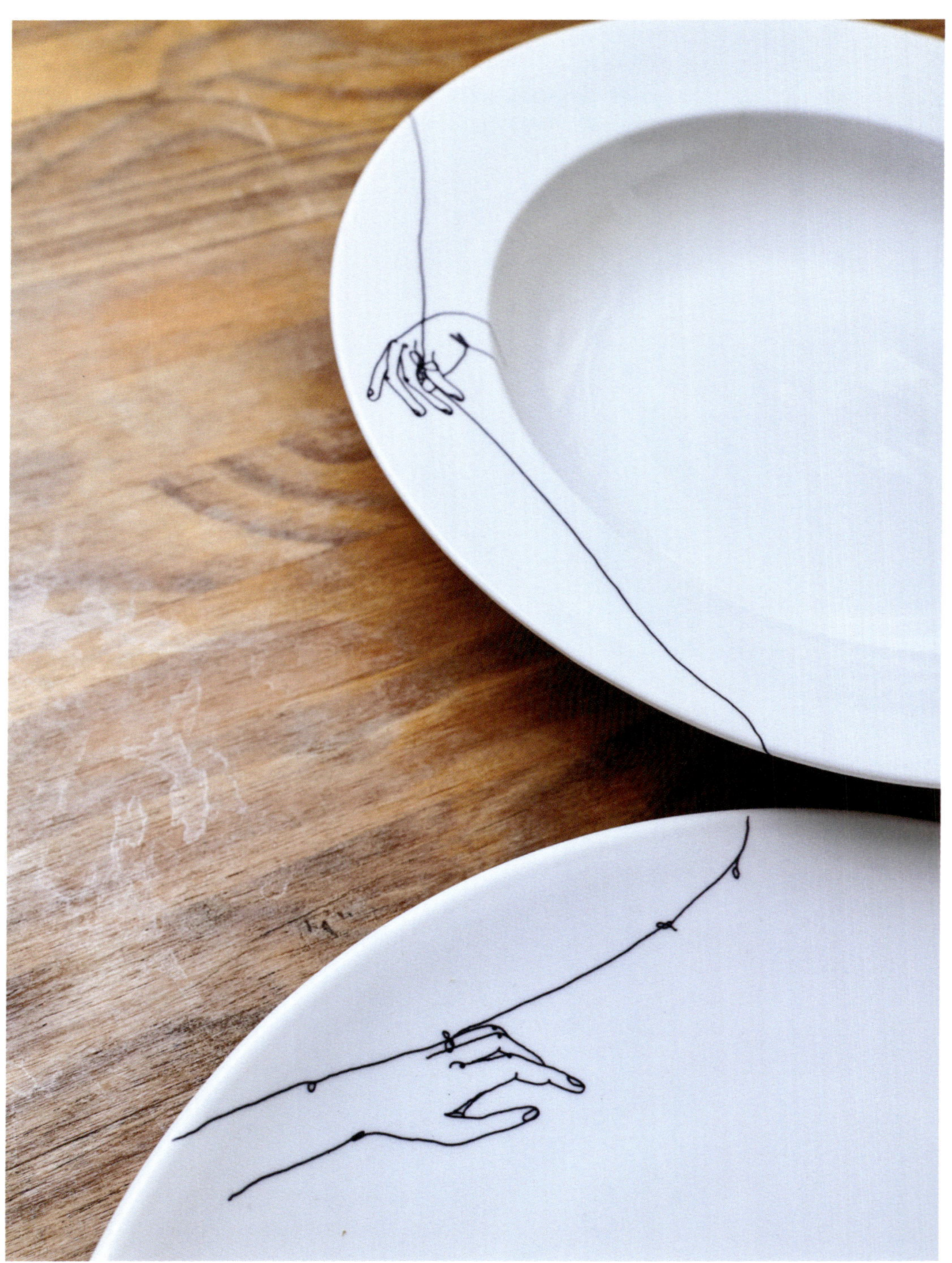

Oder stellen Sie sich eine Geschichte vor, die sich im Laufe der Mahlzeit entwickelt wie ein Theaterstück: Mit den Vorspeisen geht der Vorhang auf und der erste Akt beginnt. Beim Hauptgericht setzt sich die Handlung fort, mit dem Dessert erreicht das Stück seinen krönenden Abschluss (hoffentlich) mit einem Happy End.

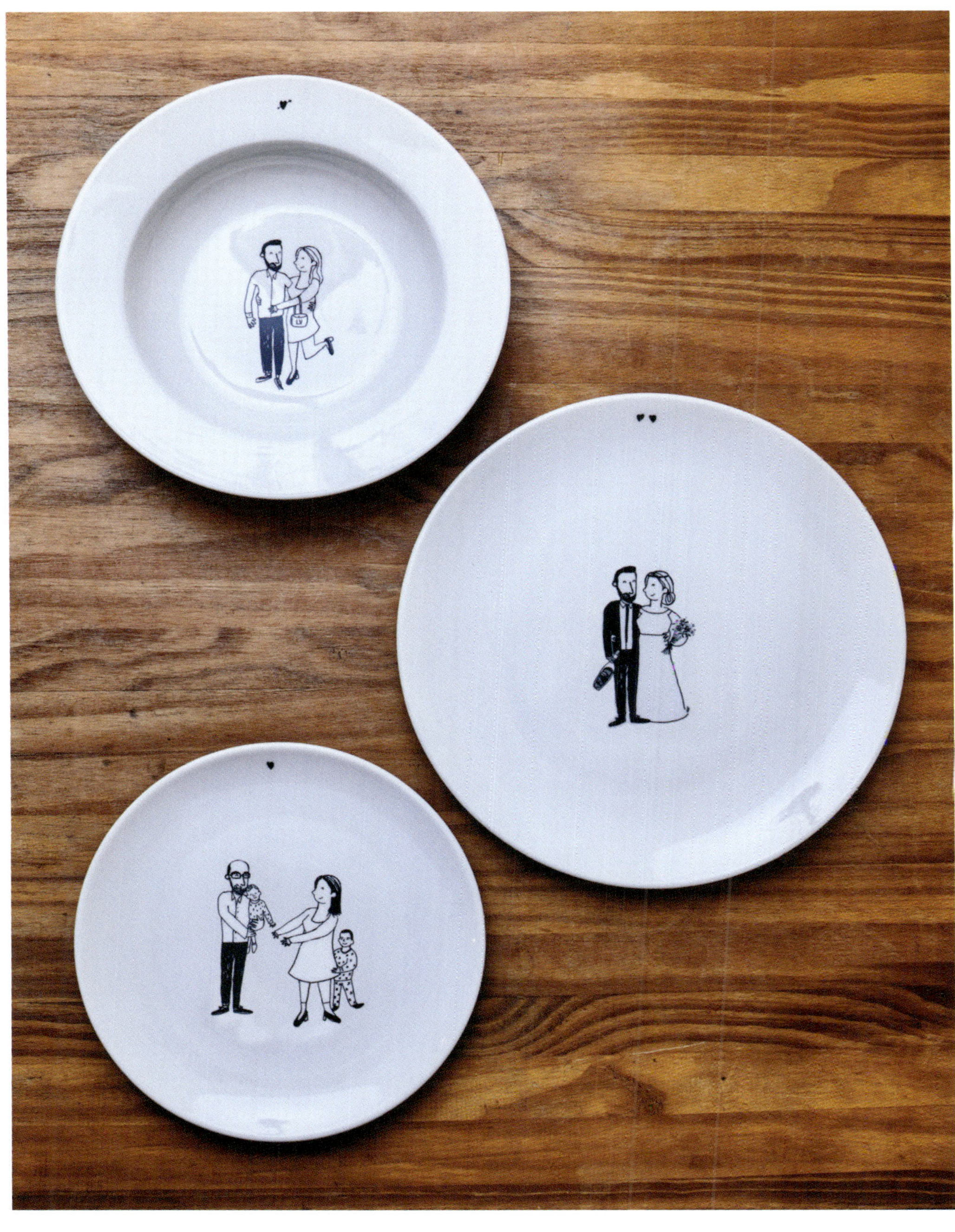

Es macht auch Spaß, ein bereits vorhandenes Dekorornament fantasievoll zu erweitern.

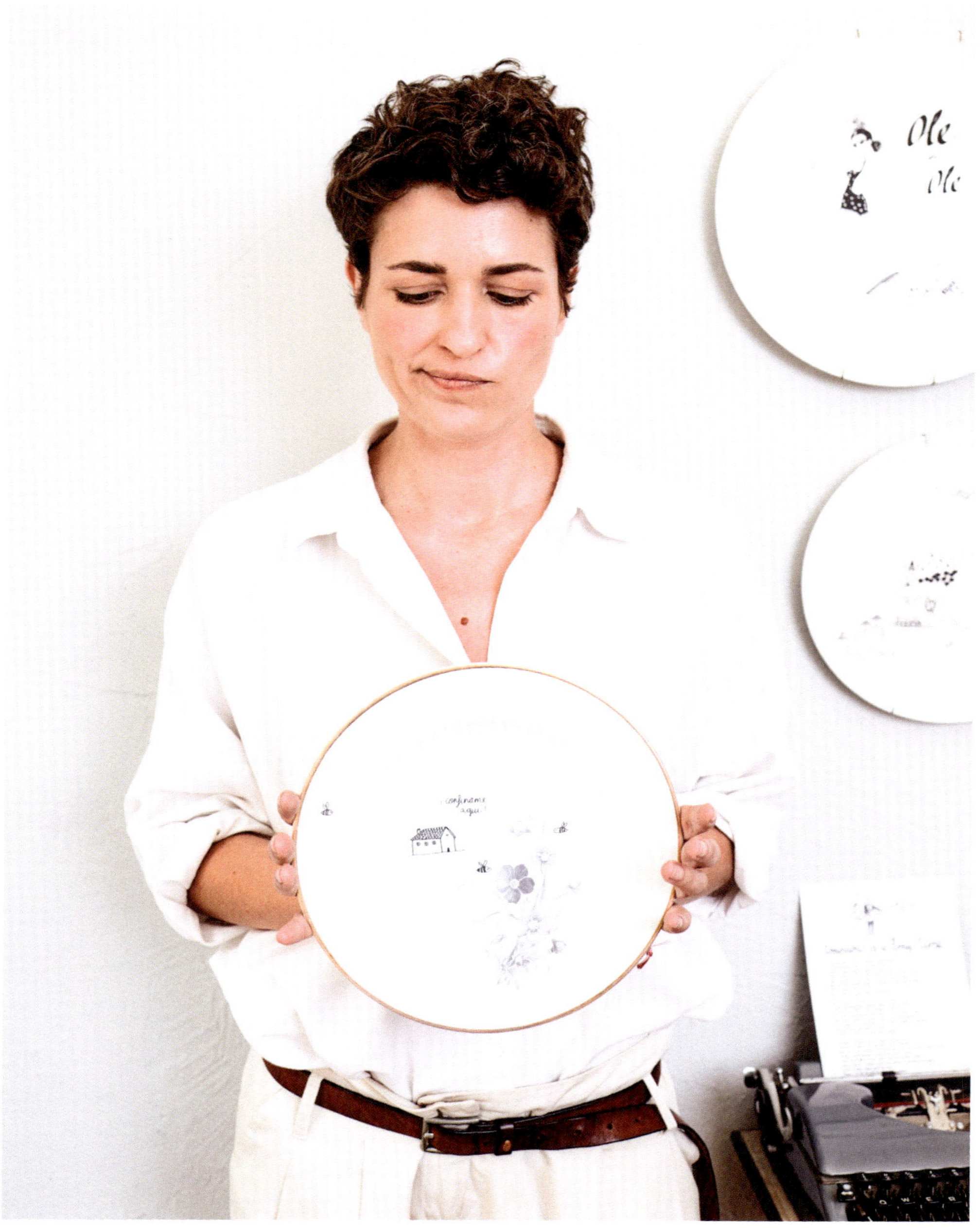

Hier ist alles möglich, jede Technik ist erlaubt! Sie können mit Farbe, Pinsel oder was auch immer Ihnen Spaß macht arbeiten – immer vorausgesetzt, der Entwurf lässt sich auch digitalisieren.

Was grundsätzlich bei allen Aktivitäten zu beachten ist

Möchten Sie gern ein Keramikteil mit einem Bild oder einer Zeichnung dekorieren, die Sie schon früher angefertigt haben? Es spielt keine Rolle, ob es sich dabei um Vorlagen mit Aquarellfarben, Wachsmalstiften, Markern, Acrylfarben oder was auch immer handelt. Es darf auch eine Fotografie oder Kollage sein. Das alles funktioniert! Und Sie werden begeistert sein, wenn Sie das Ergebnis in Händen halten. Für alle diese schon vorhandenen Motive gilt dasselbe wie für speziell passgenau für ein bestimmtes Werkstück angefertigte Entwürfe: Es ist wichtig, dass Sie

— die Tricks und Einschränkungen beispielsweise mit stark gewölbten Flächen berücksichtigen, von denen ich vorhin gesprochen habe.

— Ihre Zeichnungen korrekt digitalisieren.

— das gescannte Bild in einem Bildbearbeitungsprogramm sorgfältig reinigen, da alles, was in diesem Stadium noch sichtbar ist, auch im Druck erscheint, zum Beispiel die Textur des Papiers oder Hintergründe, die nicht reinweiß oder verschmutzt sind.

— zu Hause einen Probedruck machen, mit dem Sie überprüfen können, ob die Größe stimmt und ob es irgendwo Komplikationen geben könnte, wenn der Entwurf als Abziehbild appliziert werden soll.

— alle Ihre Zeichnungen sorgfältig abspeichern, damit dann später beim Zusammenstellen des Abziehbildes nichts vergessen werden kann.

Ideen für Kreative, die weder gern zeichnen noch am PC sitzen

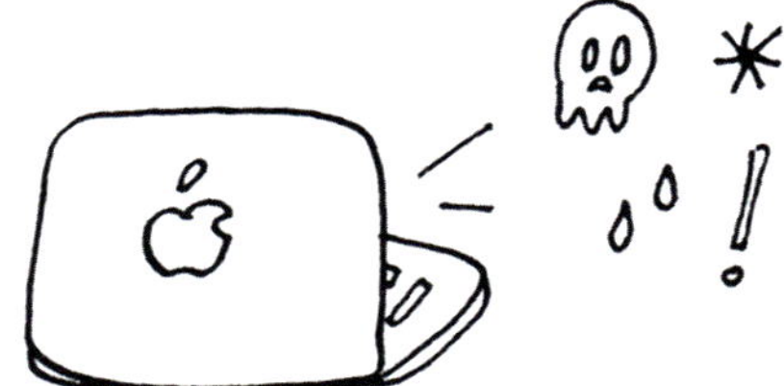

Falls Sie bei allem, was Sie bisher über Zeichnen, Anpassen, Säubern, Drucken etc. gelesen haben, ein leises Grauen beschlichen hat, dann sind einfarbige Abziehfolien eindeutig das Richtige für Sie. Mehr darüber erfahren Sie im nächsten Kapitel. Damit Sie aber schon einmal auf den Geschmack kommen, zeige ich hier ein paar Beispiele von Schüler:innen aus meinen Atelierkursen.

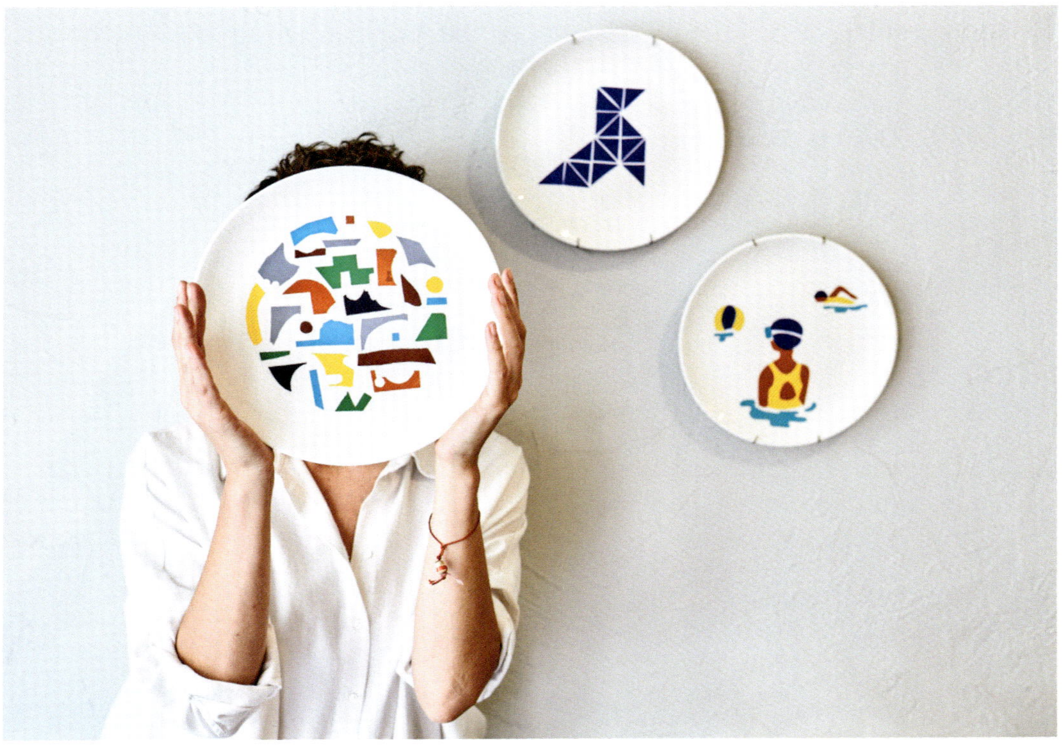

TRICKS FÜR MENSCHEN MIT SCANNER-PHOBIE

Auch ich gehöre nicht unbedingt zu den Scanner-Fans. Deshalb will ich Ihnen ein paar ganz einfache grundsätzliche Vorgehensweisen erklären, die helfen sollten, größere Katastrophen zu vermeiden.

Wenn Sie Ihren Entwurf in Originalgröße vorliegen haben, stellen Sie beim Scanner eine Auflösung von 300 dpi ein. Da Ihr Dokument für das keramische Abziehbild in *Photoshop* dieselbe Auflösung hat, muss nichts geändert oder angepasst werden. Benutzen Sie eine winzige Zeichnung, die Sie vergrößern möchten, dann scannen Sie sie mit der höchstmöglichen Auflösung ein. Soll Ihr ursprüngliches Bild doppelt so groß werden, dann scannen Sie es mit 600 dpi und bleiben bei demselben Größenverhältnis, falls Sie es noch weiter vergrößern möchten.

Grundsätzlich gilt, dass man eine Grafik nicht mehr vergrößern sollte, wenn sie erst einmal in *Photoshop* übertragen ist, weil sich dadurch die Auflösung verschlechtert und die Pixel sichtbar werden. Scannen Sie aber auch nicht mit höherer Auflösung als notwendig, sonst verbrauchen Ihre Dateien unendlich viel Speicherplatz ohne zusätzlichen Nutzen. Für einfarbig schwarze Entwürfe stellen Sie Ihren Scanner auf Schwarz-Weiß ein, auch dadurch verringert sich die Dateigröße.

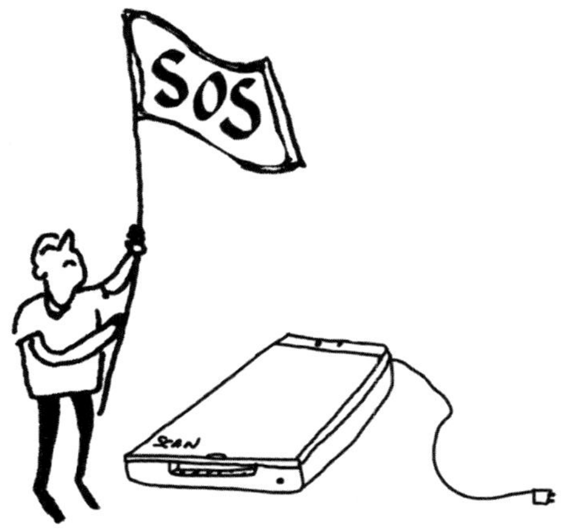

KERAMISCHE ABZIEHBILDER

tus historias de CHICHINABO

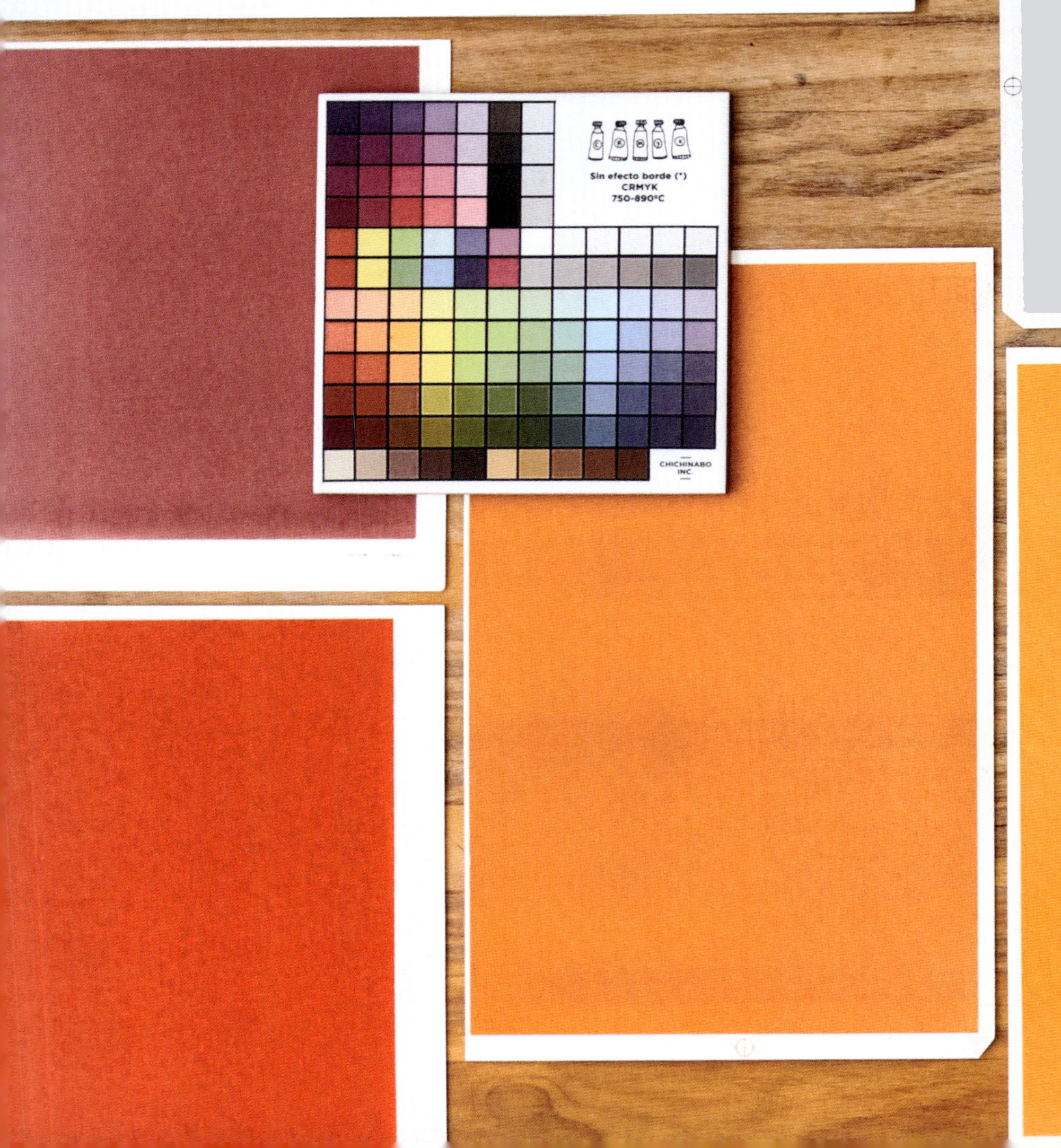

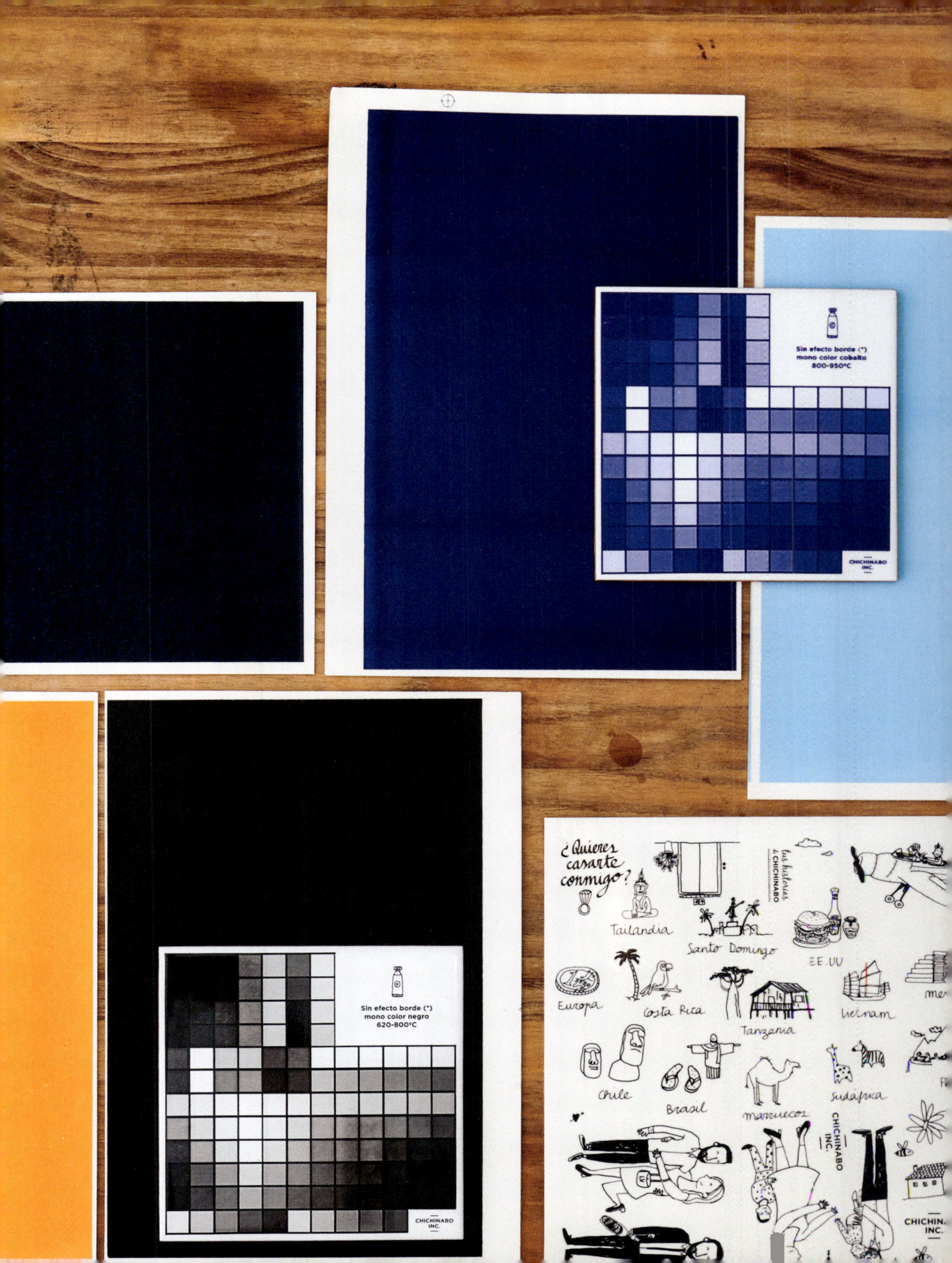

Sin efecto borde (*)
mono color cobalto
800-950ºC
CHICHINABO INC.
Sin efecto borde (*)
mono color negro
620-800ºC
CHICHINABO INC.
¿Quieres casarte conmigo?
Tailandia
Santo Domingo
EE.UU
Europa
Costa Rica
Tanzania
Chile
Brasil
Sudáfrica
CHICHINABO INC.

Was ist das eigentlich?

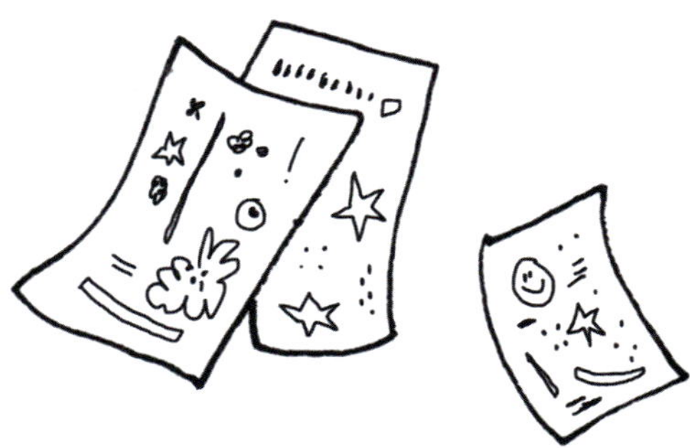

Aufbrandbilder für keramische Oberflächen sind im Grunde nichts anderes als eine spezielle Art Abziehbild. Ja genau, ich meine die kleinen Bildchen, die es manchmal bei Süßigkeiten aus dem Kaugummiautomaten dazugab. Die hier beschriebene Variante applizieren Sie allerdings nicht auf Ihren Arm, um auf dem Schulhof mit einem täuschend echten Tattoo aufzufallen, sondern dekorieren Keramikobjekte damit.

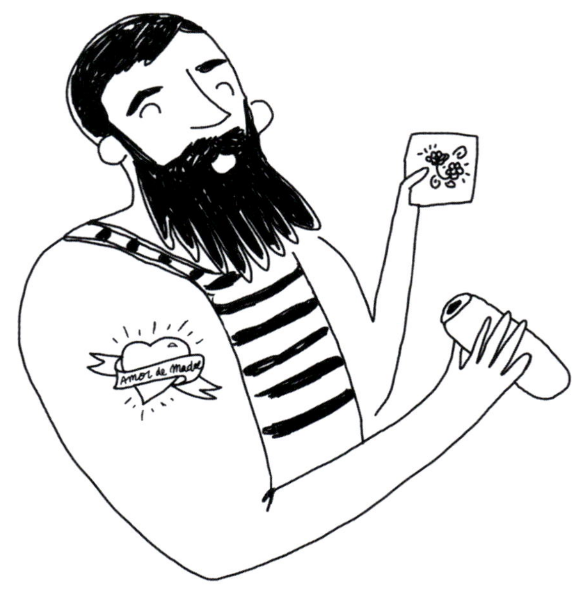

Lassen Sie es mich ein wenig präzisieren. Bei unseren Bildern handelt es sich um mit Keramikfarben bedrucktes Spezialpapier oder Trägerfolie, die mit einem transparenten Gleit- oder Transferfilm beschichtet wird. Früher war dieser übrigens blau oder gelb. Beim Brennen im Brennofen schmelzen die Pigmente auf und verbinden sich dauerhaft mit der vorhandenen Glasur. Der Transferlack dagegen verdampft. Ein keramisches Abziehbild besteht also im Rohzustand vor dem Brennen aus einem Spezialpapier (**1.**), Keramikfarben oder -pigmenten (**2.**) und einer Schicht Übertragungslack (**3.**).

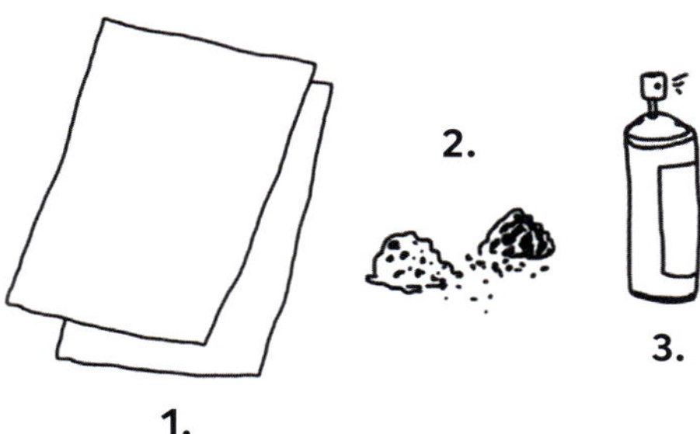

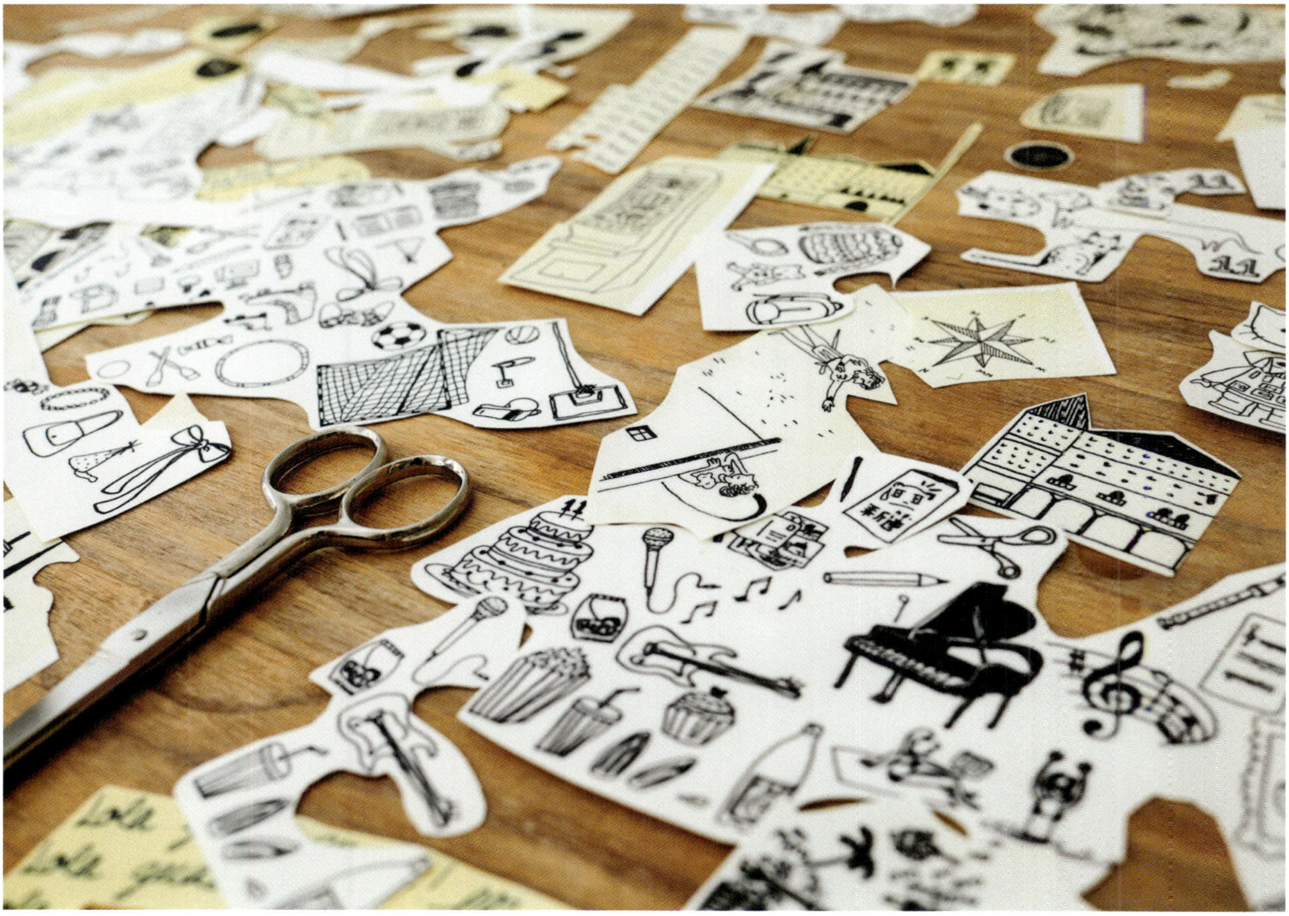

Verschiedene Arten von Abziehbildern

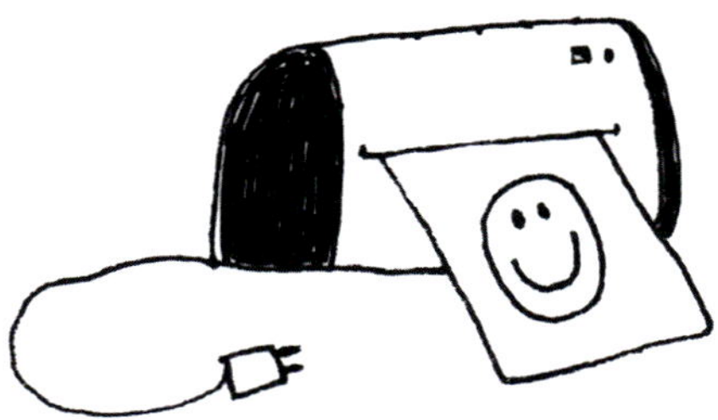

Die Eigenschaften der benutzten Farbstoffe und die Art, wie sie auf das Trägerpapier gelangen, sind ausschlaggebend dafür, was für Sorten von Abziehbildern wir erhalten. Gleichzeitig bestimmt sich dadurch, auf welchen Oberflächen sie anhaften und welche Vorteile und Einschränkungen es somit für Entwurf und Einsatzbereiche gibt.

DIGITALE KERAMISCHE ABZIEHBILDER

Stellen Sie sich einen Drucker oder Fotokopierer vor, der anstelle des gewohnten Toners für Papier, wie Sie ihn zu Hause, im Büro oder Copyshop verwenden, mit keramischen Farbstoffen arbeitet und statt auf normalem Papier auf Spezialpapier druckt. Genau so funktioniert das Anfertigen eines digitalen keramischen Abziehbildes. Das fertig bedruckte Trägerpapier wird anschließend mit einem transparenten Transferlack beschichtet. Sobald dieser Überzug getrocknet ist, halten Sie das fertige digitale keramische Abziehbild in der Hand.

Sicher können Sie sich vorstellen, dass es bei den Gestaltungsdetails fast unbegrenzte Möglichkeiten gibt. Und was die Einschränkungen angeht, so kennen Sie diese bereits von Ihrem eigenen Drucker zu Hause:

— Sehr zarte Linien werden manchmal nicht sauber gedruckt oder erscheinen so blass, dass man sie kaum erkennen kann.

— Die Farbauswahl ist eingeschränkt. Haben Sie schon einmal versucht, dem heimischen Drucker Neonfarben, Goldtöne oder Ähnliches zu entlocken? Beim Drucken eines digitalen keramischen Abziehbildes ist das Ergebnis nicht viel anders.

— Die gedruckten Abziehbilder sind leicht durchscheinend, Sie müssen also berücksichtigen, dass noch etwas vom Hintergrund durchschauen kann. Wenn Sie also einen gelben Teller ausgewählt haben, wird das Gelb die Wirkung der Farben Ihres Motivs verändern, es entsteht eine Mischung. Ist Ihr Teller bereits mit Blumen oder anderen Mustern dekoriert, dürfen Sie nicht davon ausgehen, dass das Abziehbild das darunterliegende Motiv vollständig überdeckt, sondern Sie sollten es in das neue Gestaltungskonzept mit einbeziehen.

— Und was bitte passiert, wenn man einen schwarzen Teller verzieren möchte? Gute Frage! Auf dem Gebiet der digitalen keramischen Abziehbilder hat sich in den letzten Jahren viel getan und inzwischen kann man sogar Produkte für dunkle Untergründe bestellen. Bei solchen Fabrikaten wird als Grundlage weißer Toner verwendet, auf den dann die restlichen Farben gedruckt werden. Das Ergebnis ist ein opakes Abziehbild, mit dem es möglich ist, die gewählten Nuancen auf jedem farbigen Untergrund zu applizieren, solange er nicht weiß ist. Für diese Fälle sind dann wiederum Abziehbilder erhältlich, die im Siebdruckverfahren hergestellt werden und auf die ich später zu sprechen komme. Nur noch ein wenig Geduld bitte.

— Sicher ist Ihnen schon aufgefallen, dass Bilder aus ein und derselben Datei je nach verwendetem Drucker unterschiedlich ausfallen können. Das ist bei digitalen keramischen Abziehbildern nicht anders. Das liegt unter anderem an der Einstellung, der Menge an Toner oder auch einfach am Fabrikat des Druckers. Es ist auch durchaus wahrscheinlich, dass das Ergebnis unterschiedlich ausfällt, wenn Sie demselben Hersteller dieselbe Datei zu unterschiedlichen Zeiten mehrmals zum Ausdrucken schicken. Hier kann ich Ihnen nur empfehlen, noch einmal die Einleitung zu lesen und meinen allerersten Ratschlag zu beherzigen: Tief durchatmen und das Mantra wiederholen «Alles wird gut, ich bleibe offen für alle Möglichkeiten …»

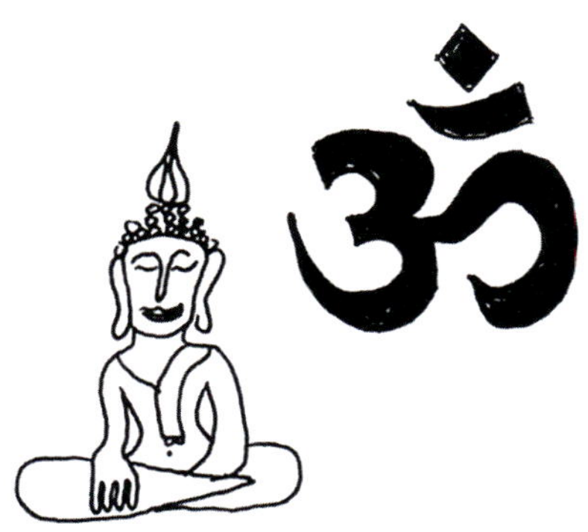

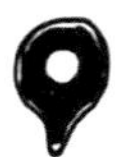

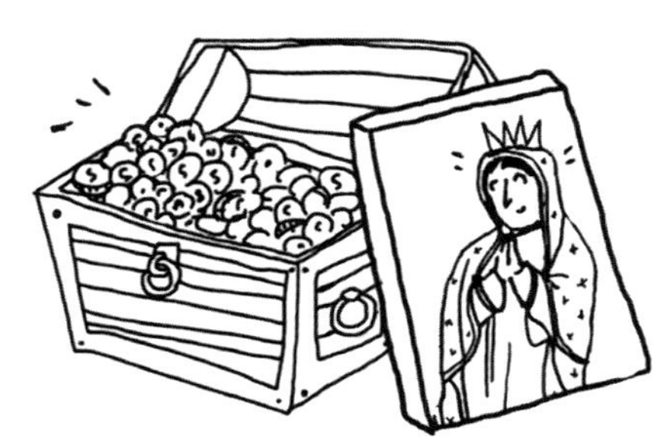

Auf der Suche nach dem verlorenen Schatz: Geeignete Anbieter finden

Einen Drucker zu Hause zu haben ist nichts Besonderes, ein Spezialgerät zum Herstellen keramischer Abziehbilder ist dagegen eher ungewöhnlich. Wenn Sie also beschlossen haben, Keramikobjekte mit Abziehbildern zu gestalten, sollten Sie einen Anbieter suchen, von dem Sie diese fertig beziehen können. Geben Sie die Begriffe «Aufbrandbilder», «Keramische Abziehbilder» oder «Keramik-Transferbilder» in eine Suchmaschine ein und Sie werden eine Reihe von in- und ausländischen Adressen erhalten. Auf der Webseite www.haupt.ch/keramik-illustrieren-und-dekorieren finden Sie einige Hinweise auf Anbieter. Dieser Service wird pro Einheit, also per Druckbogen berechnet, unabhängig von der Anzahl der Motive und der Farben, die Sie darauf unterbringen. Erinnern Sie sich an *Tetris*? Jetzt dürfen Sie wieder spielen und so lange tüfteln, bis Ihre sämtlichen Motive auf einem DIN-A3- oder DIN-A4-Blatt Platz gefunden haben.

Später werde ich Ihnen erklären, wie man die Dateien für Abziehbilder anlegt. Ungeduldige können jetzt schon auf Seite 74 nachschauen. Sie wissen ja bereits, dass die Dateien nicht nur mit Keramiktoner ausgedruckt werden müssen, sie erhalten zusätzlich auch noch einen transparenten Schutzfilm, der es gleichzeitig ermöglicht, sie auf dem Werkstück zu applizieren. Darum brauchen Sie sich nicht zu kümmern, auch das erledigt der Anbieter für Sie.

Heute ist das alles viel einfacher. 2011 wäre ich fast über Leichen gegangen, um ein Buch wie dieses in die Hände zu bekommen, ganz zu schweigen von den ausführlichen Informationen, die inzwischen im Internet verfügbar sind. Damals war ich so verzweifelt auf der Suche nach einem Anbieter in Spanien, dass ich alle möglichen Beerdigungsinstitute anrief, um zu fragen, wo sie die Keramikmedaillons mit Portraits der Verstorbenen anfertigen ließen, wie man sie bei uns häufig auf Grabsteinen findet. Sie müssen mich für völlig verrückt gehalten haben!

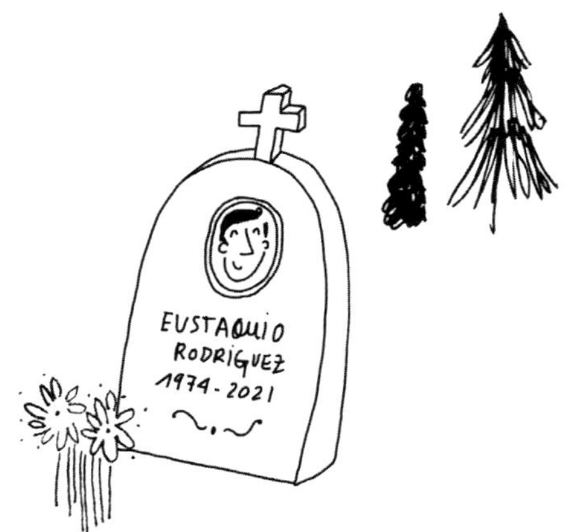

Die richtige Wahl treffen

Wie schon erwähnt, hat sich auf dem Gebiet der digitalen keramischen Abziehbilder in den letzten Jahren viel getan und es gibt inzwischen verschiedenste Arten – nicht nur die schon genannten weißen für farbige Untergründe, sondern auch solche in Kobaltblau, für emailliertes Metall und für Glas, außerdem Produkte in sehr viel beständigeren Rottönen etc. Alle haben ihre Vor- und Nachteile und benötigen bestimmte Brenntemperaturen. Und man sollte wissen, wozu das verzierte Stück benutzt werden soll. Ich werde Ihnen hier ein paar allgemeine Tipps geben, aber am besten wenden Sie sich mit Ihren Fragen direkt an den Anbieter. Er verfügt über die entsprechende Erfahrung und das nötige Fachwissen. Hier einige Hinweise, die Ihnen helfen, die richtigen Fragen zu stellen:

— **Rot** Dieser Farbbereich ist am anspruchsvollsten. Rottöne werden bei niedriger Temperatur aufgebrannt und verbrennen sehr schnell. Manche Abziehbilder werden mit Tonern in Rot anstelle von Magenta gedruckt. Wenn diese Farbe in Ihrem Design vorherrscht, sind diese eigentlich die erste Wahl. Aber Vorsicht, sie sind sehr empfindlich und verbrennen gern. Abziehbilder auf der Basis von Rot müssen bei niedriger Temperatur gebrannt werden (570 °C), Magenta dagegen bei 870 °C. Außerdem ist es schwieriger, die ideale Brennkurve für Rot zu finden, und die Gefahr, dabei Fehler zu machen, ist deutlich größer. Wie auch immer Sie sich entscheiden, befolgen Sie bitte meinen allerersten Rat und bleiben Sie offen für das Ergebnis, wie auch immer es ausfällt.

— **Sticker-Effekt** Auch das ist ein Kapitel, mit dem Sie sich bei Ihrer Arbeit auseinandersetzen sollten. Stellen Sie sich vor, der schon erwähnte Transferfilm wäre sehr dick und würde beim Brennen des Werkstücks deutlich sichtbar bleiben. Das wäre ein echtes Drama. Vor allem dann, wenn Sie wie ich eher mit zarten Elementen Akzente setzen, die nicht mit Farbe flächig ausgefüllt sind und sich nicht über das gesamte Objekt verteilen. Bedeckt das Design jedoch vollständig die Oberfläche zum Beispiel eines Bechers, würde das kaum stören, da die Bildkante auf den Rändern des Werkstücks zu liegen kommt und der Übergang am Becherrand praktisch nicht auffallen würde. Sollten Sie doch einmal Probleme haben, schildern Sie sie Ihrem Anbieter. Vielleicht kann er Ihnen aus seiner Erfahrung heraus konkrete Ratschläge zum Brennvorgang erteilen.

— **Brennkurve** Es ist wichtig, dass Ihnen Ihr Anbieter auch genaue Angaben zur Programmierung des Brennofens macht. Damit beschäftigen wir uns noch näher im Kapitel über den Brand, aber schon jetzt ist es gut, wenn Sie den Temperaturbereich im Kopf haben, bei dem Ihre Abziehbilder aufgebrannt werden müssen.

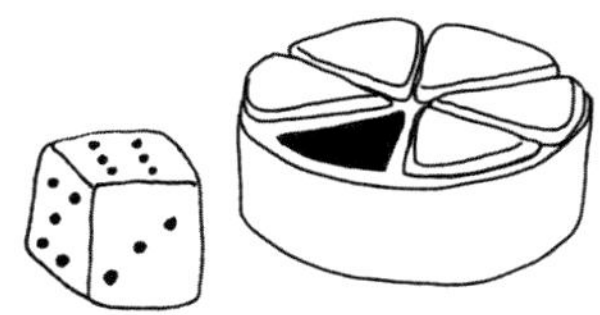

Wie Dateien für den Druck keramischer Abziehbilder beschaffen sein müssen

Wenn Sie entschieden haben, dass digitale Abziehbilder am besten Ihren Bedürfnissen entsprechen, schauen wir uns jetzt Schritt für Schritt die Vorbereitungen für den Druck an. Ich arbeite mit *Photoshop*. Die folgenden Punkte sind prinzipiell natürlich auch auf andere Bildbearbeitungsprogramme übertragbar.

1. Als Erstes suchen Sie sich einen Anbieter und finden heraus, in welchen Größen er keramische Abziehbilder druckt.

2. Achten Sie genau darauf, wie groß der bedruckbare Bereich des Formats ist, das Sie aus diesen Optionen ausgewählt haben. Sollten Sie das vergessen, kann es passieren, dass Ihr fertiger Entwurf am Rand abgeschnitten wird!

3. Öffnen Sie *Photoshop* auf Ihrem Rechner und richten Sie ein leeres Dokument ein, das genau der Größe der bedruckbaren Fläche entspricht. Wählen Sie eine Auflösung von 300 dpi im Farbraum CMYK.

4. Alle Ihre Entwürfe müssen korrekt digitalisiert werden: in Originalgröße und 300 dpi Auflösung und gereinigt (!), denn sonst werden auch Verschmutzungen auf dem Hintergrund mitgedruckt. (Lesen Sie bei Bedarf noch einmal die Ratschläge für Menschen mit Scanner-Phobie auf Seite 65.)

5. Übertragen Sie alle Ihre Zeichnungen in das neue Dokument und arrangieren Sie die einzelnen Motive so dicht, dass die größtmögliche Anzahl auf der Fläche Platz findet. Dabei ist wichtig, dass sich alle Ebenen im *Multiplizieren*-Modus befinden (dem Mischmodus in *Photoshop*). Sonst kann es passieren, dass die einzelnen Bilder sich überlagern.

6. Platzieren Sie zuerst die größeren Skizzen und füllen Sie dann die Zwischenräume mit den kleineren. Achten Sie auf etwas Abstand zwischen den einzelnen Motiven, damit sie sich später gut mit der Schere ausschneiden lassen.

7. Bleibt noch etwas Platz, füllen Sie ihn mit etwas, das Ihnen gerade einfällt, oder wiederholen Sie Motive. Sinnvollerweise sollten keine Partien leer bleiben, das wäre die reine Verschwendung.

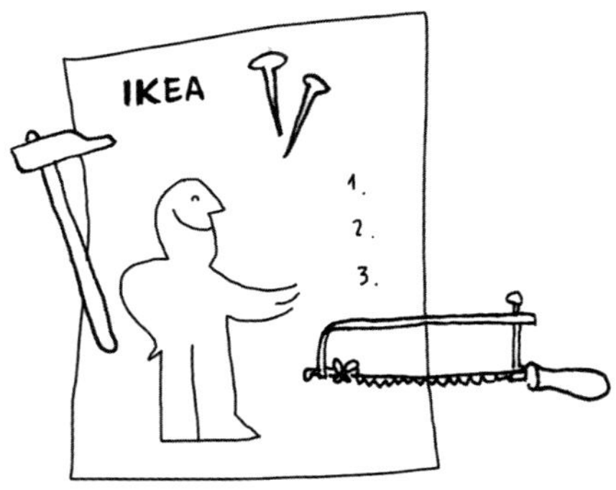

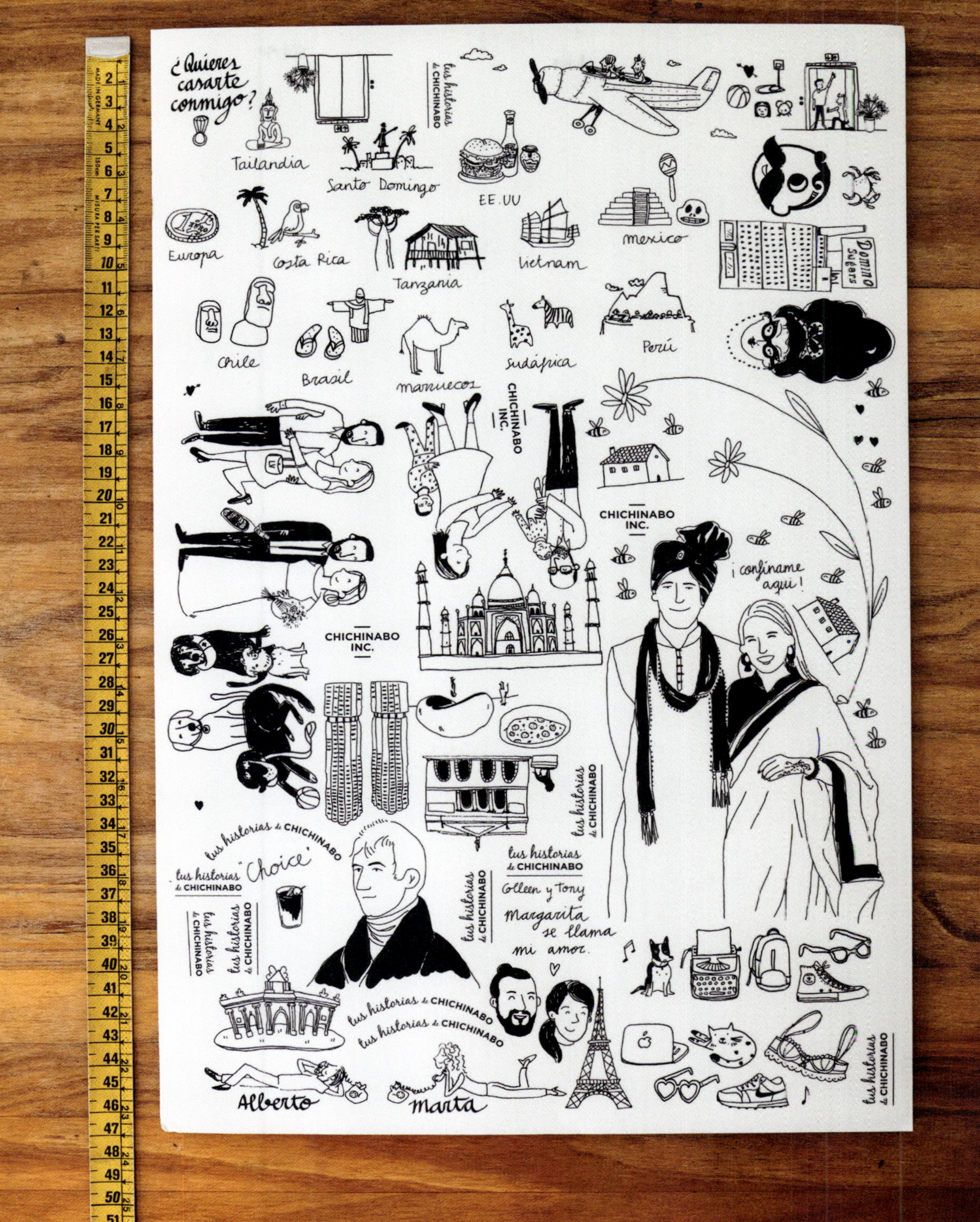
¿Quieres casarte conmigo?
Tailandia
tus historias de CHICHINABO
Santo Domingo
EE.UU
Europa
Costa Rica
Tanzania
Vietnam
mexico
Domino Sugars
Chile
Brasil
marruecos
sudáfrica
Perú
CHICHINABO INC.
CHICHINABO INC.
¡confíname aquí!
CHICHINABO INC.
tus historias de CHICHINABO
tus historias de CHICHINABO
tus historias "Choice" de CHICHINABO
tus historias de CHICHINABO
tus historias de CHICHINABO
tus historias de CHICHINABO
tus historias de CHICHINABO
Colleen y Tony
Margarita se llama mi amor
tus historias de CHICHINABO
tus historias de CHICHINABO
tus historias de CHICHINABO
Alberto
marta

8. Sie können Ihr Design in mehrere Blöcke aufteilen, falls Sie merken, dass die bedruckbare Fläche nicht vollständig für das gewählte Objektformat ausreicht oder der Entwurf noch optimiert werden muss. Unterteilen Sie ihn dazu an freien (weißen) Stellen – allerdings in nicht zu viele Partien, denn das spätere Ausschneiden und Positionieren wird schwieriger, wenn Sie den originalen Gesamtentwurf aus vielen Einzelteilen zusammenfügen müssen, statt ihn in einem Stück zu applizieren.

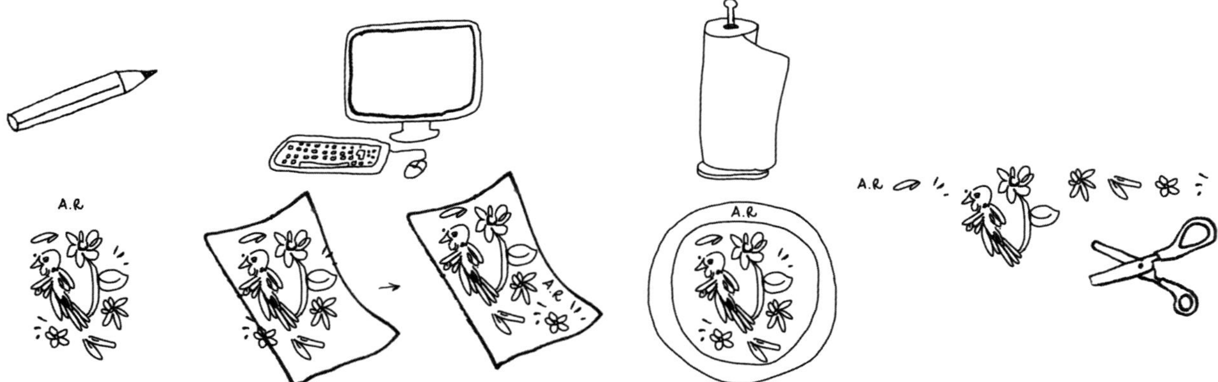

9. Wenn Sie eine Dateiseite gefüllt haben, beginnen Sie mit der nächsten, jedoch ohne die erste zu schließen. So haben Sie die Möglichkeit, noch einzelne Elemente umzuordnen, um den Platz besser zu nutzen.

10. Machen Sie mit Ihrem Drucker zu Hause Probeausdrucke, um Größe und Auflösung Ihrer Motive noch einmal zu überprüfen.

11. Kontrollieren Sie diese ganz genau, damit Ihre Ornamente tatsächlich vollständig sind und sich nicht überlappen.

12. Informieren Sie sich, mit welchem Dateityp Ihr Anbieter arbeitet und wie Sie ihm Ihre Dateien am besten schicken. Die meisten Betriebe akzeptieren eine Vielzahl von Dateiformaten (jpg, pdf, psd, ai), sodass es keine Probleme geben dürfte. Ich persönlich arbeite mit jpg-Dateien. Im Allgemeinen finden sich diese Informationen auf der Webseite der Firma und die Datenübertragung läuft meist über *WeTransfer*, *Dropbox* oder ähnliche Dienste.

13. Wenn das von Ihnen gewählte Unternehmen verschiedene Arten von keramischen Abziehbildern anbietet, teilen Sie ihm bitte ganz genau mit, welches Produkt Sie bestellen möchten.

14. Fragen Sie im Zweifelsfall lieber deutlich nach, Ihr Anbieter kennt sich aus und wird Ihnen gern mit Rat und Tat zur Seite stehen. Vergessen Sie nicht, die Rechnung zu bezahlen! Ein paar Tage später erhalten Sie dann per Post einen Umschlag mit Ihren Motiven und der große Moment ist gekommen: Sie können endlich beginnen, Ihre Keramikobjekte nach eigenen Vorstellungen zu verzieren.

KERAMISCHE ABZIEHBILDER IM SIEBDRUCKVERFAHREN

Statt Motive zu digitalisieren und ausdrucken zu lassen, können Sie auch mit Siebdruck eigene Abziehbilder gestalten. Vielleicht können Sie mit dem Begriff wenig oder gar nichts anfangen oder haben nur eine sehr vage Vorstellung von diesem Verfahren. Die Wissenslücke können wir ganz schnell schließen.

Siebdruck? Davon habe ich doch schon mal irgendwo gehört

Beim Siebdruck kommen mehrere Schablonen in Form von Drucksieben zum Einsatz. Genauer gesagt, benötigen Sie für jede einzelne Farbe Ihres Designs ein eigenes Sieb. Wie kann man sich ein solches Sieb vorstellen? Ganz einfach: Es handelt sich dabei um einen mit festem Netzgewebe bespannten Rahmen. Stellen Sie sich eine auf einen Holzrahmen aufgezogene Leinwand für Gemälde vor. Doch statt des dichten weißen Leinenstoffs ist der Siebdruckrahmen mit einer feinen Gaze bespannt, die für die Druckfarbe, in unserem Fall Keramikpigmente, durchlässig ist. Das ist der springende Punkt. Um mit dem Sieb zu drucken, müssen wir die Bereiche des Gewebes, an denen keine Farbe auf den Untergrund gelangen soll, abdecken und damit undurchlässig machen. Die Partien dagegen, an denen Farbe durchdringen soll, bleiben offen, also unbeschichtet. Ich mache Ihnen das hier mit einem kleinen Beispiel deutlich.

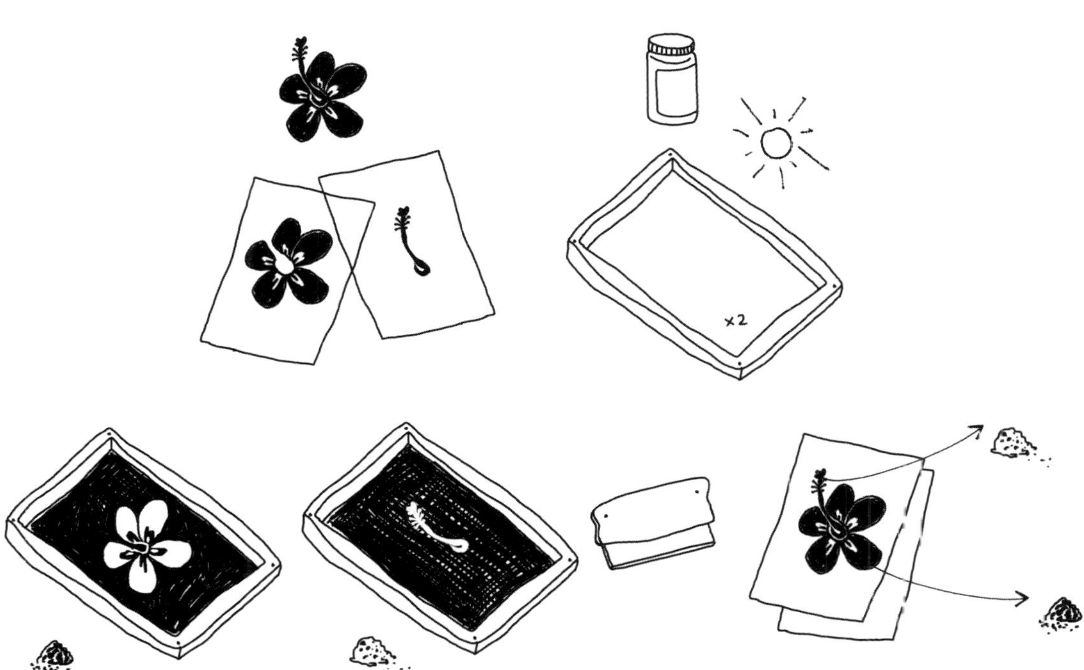

Wir möchten zum Beispiel eine zweifarbige Blüte drucken, mit Blütenblättern in einer Farbe (Blau) und dem Stempel in einer anderen (Gelb). Dazu müssten wir zwei Siebe entwickeln, eines für die Blütenblätter und ein zweites für den Stempel in der Mitte der Blüte.

Es werden zwei Schablonen für die entsprechenden Bildteile vorbereitet: jeweils eine transparente Folie mit dem entsprechenden Blütenbereich in Schwarz. Anschließend werden zwei Siebe mit einer lichtempfindlichen Fotoemulsion beschichtet. Diese Substanz wird mit einer Rakel (und ein wenig Geschicklichkeit) aufgetragen und muss gut trocknen. Auf jedes der beiden Siebe wird nun eine der transparenten Folien mit den Motiven gelegt. Das Ganze wird wiederum mittels UV-Licht entwickelt. Dabei helfen spezielle Belichtungsgeräte, die sehr exakt arbeiten, aber nicht unbedingt erforderlich sind.

Die mit dem schwarzen Schablonenmotiv abgedeckten Partien der Siebfläche verhindern, dass die lichtempfindliche Schicht darunter beim Belichten erhärtet. Nach einer bestimmten Belichtungszeit können diese nicht erstarrten Bereiche einfach aus dem Sieb ausgewaschen werden. Nur an diesen Flächen kann dann später beim Drucken die Farbe das Siebgewebe durchdringen und den gewählten Untergrund einfärben – in unserem Fall das schon erwähnte Spezialträgerpapier. Das Verfahren ist ein bisschen umständlich und daher nicht besonders gut für die Anwendung zu Hause geeignet.

Wenn die Siebe fertig sind, folgt der leichtere Teil der Arbeit: Legen Sie das Trägerpapier zurecht, positionieren Sie das Sieb mit der Schablone der Blütenblätter darauf, wählen Sie die Farbe (in unserem Fall Blau), streichen Sie mit der Rakel die Druckfarbe durch das Sieb und schon haben Sie damit den ersten Teil des Motivs gedruckt. Das erste Sieb müssen Sie abheben und gut reinigen. Andernfalls ruinieren Sie es, weil getrocknete Farbsubstanz die Gitterstruktur verstopft. Anschließend wiederholen Sie das Ganze mit dem zweiten Sieb für den Stempel und der Farbe Gelb. Damit nichts verschmiert, muss die Farbe der Blütenblätter bis dahin trocken sein. Die Positionierung des zweiten Rahmens muss sehr präzise vorgenommen werden, sodass Blütenblätter und Stempel sich zu einer perfekten Blüte ergänzen.

Wenn alles fertig ist, nehmen Sie einen dritten sauberen, leeren, nicht beschichteten Siebdruckrahmen und tragen einen Schutzlack für keramische Abziehbilder auf, damit das Motiv später auf das Werkstück appliziert werden kann.

Und warum die ganzen Umstände?

Wie Sie sicher festgestellt haben, ist Siebdruck ein reichlich kompliziertes Verfahren, sofern man ein Motiv nur einmal verwenden möchte. Deshalb kommt diese Technik eher für größere Stückzahlen infrage, bei denen das Erstellen der Siebe und der Druck industriell oder halbindustriell erfolgen. Sie lohnt sich bei mittleren oder hohen Auflagen und wenn nicht zu viele Farben im Spiel sind. Wie Sie jetzt wissen, erfordert jede Farbe einen eigenen Siebdruckrahmen, was natürlich auch finanziell zu Buche schlägt. Wenn Sie also nicht gerade ein Siebdruckatelier besitzen oder ausgesprochen wagemutig sind (ich würde es fast schon verrückt nennen), rate ich Ihnen zu einer digitalen Lösung.

Ein weiterer Vorteil des Siebdrucks – neben den geringeren Kosten bei höheren Auflagen – besteht in der exakten Kontrolle über den Farbauftrag. Hier sind wir nicht von einem mehr oder weniger launischen Druckgerät abhängig, sondern erhalten tatsächlich die Farben, die wir ausgewählt haben und ganz nach Geschmack mischen und auftragen können. Problemlos können wir sogar weiße Pigmente, Gold- oder Silbertöne einsetzen. Zudem ist die Farbintensität wesentlich höher.

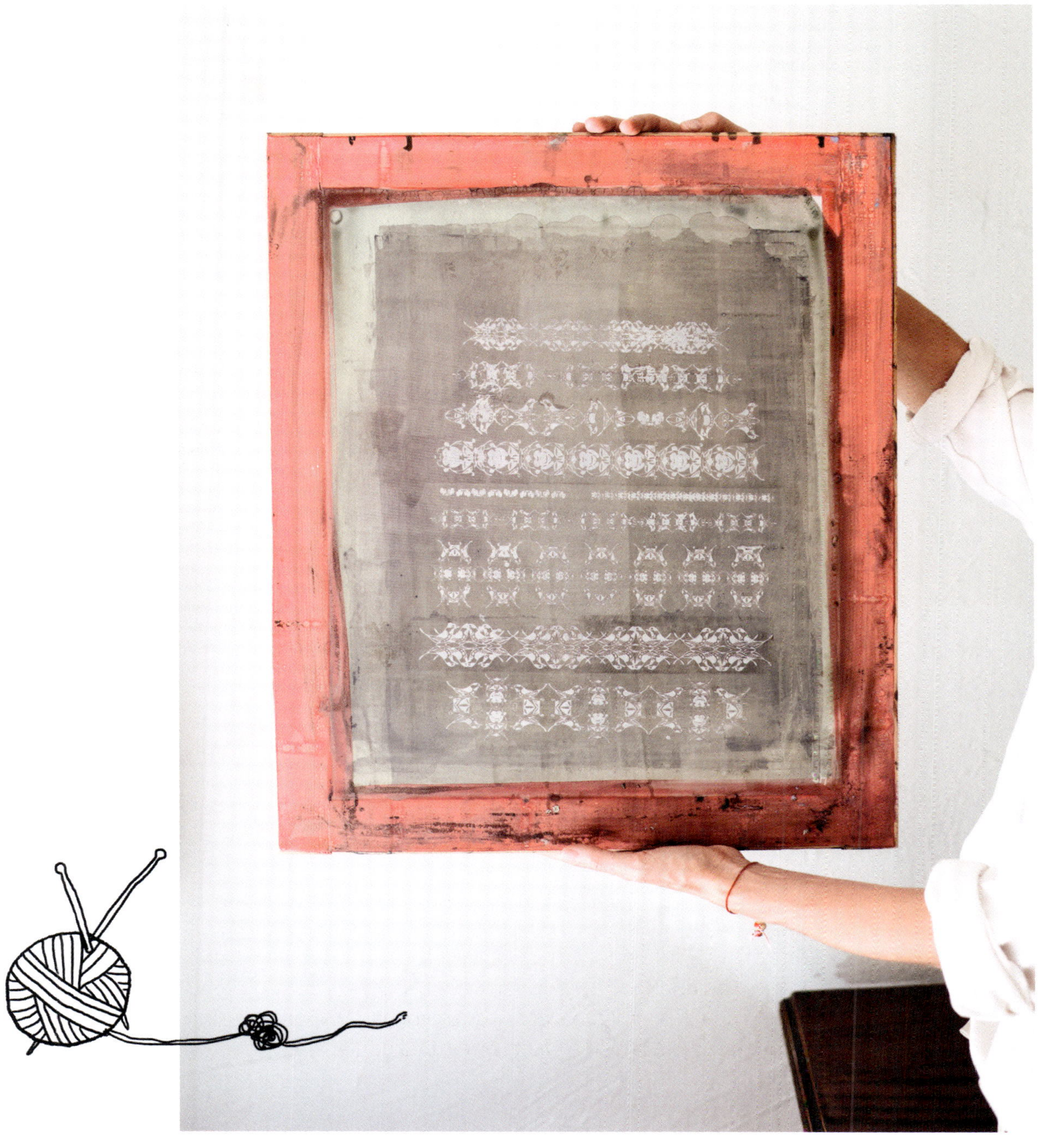

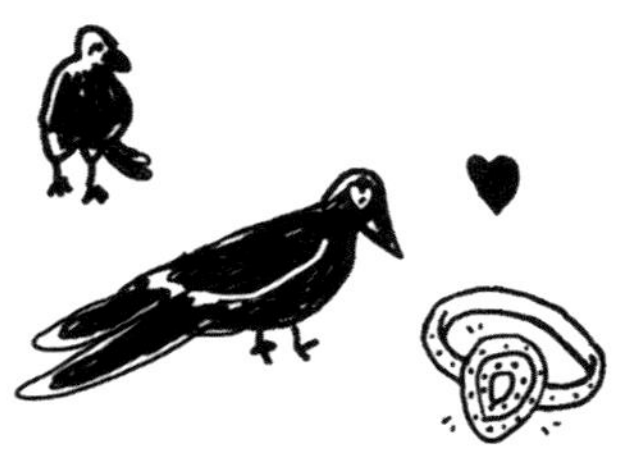

EINFARBIGE ABZIEHFOLIEN

Wenn Ihnen das Zeichnen nicht besonders liegt und es Ihnen so vorkommt, als sei alles bisher Beschriebene mit immensem Aufwand verbunden, dann lassen Sie doch einfach die Finger davon. Schließlich gibt es noch eine andere Art, eigene Keramikobjekte mit Transferbildern zu verschönern: Es handelt sich dabei um flächige Motive, die aus einer einfarbig beschichteten Folie ausgeschnitten und bei 760–820 °C aufgebrannt werden.

Diese Machart wird ebenfalls im Siebdruckverfahren hergestellt, so wie Sie es bisher gesehen haben, aber durch professionelle Anbieter gedruckt, ohne dass vorab ein Muster vorhanden sein muss. Daraus entstehen farbige, flächige Ornamente, die sofort verwendet werden können. Denken Sie an farbigen Fotokarton oder Ähnliches, aus dem Sie die gewünschten Formen ausschneiden … Genauso funktioniert es mit der Abziehfolie.

Diese Art von Material ist ideal für alle, die etwas mehr Handarbeit mögen und gerne improvisieren, die Scherenschnitte lieben oder vorzugsweise mit flächigen Designs statt Linienmustern arbeiten. Die Möglichkeiten sind ebenfalls unbegrenzt und ersparen Ihnen die Mühe, Abziehbilder selbst anzufertigen. Allerdings sind sie nicht für jede Art von Entwürfen geeignet.

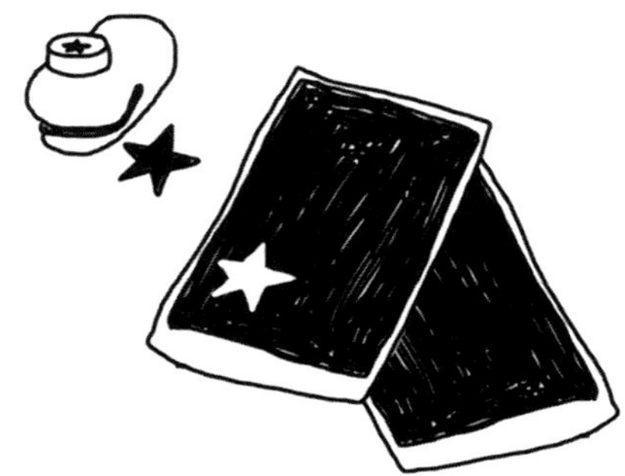

Flächige Ornamente direkt ausschneiden

Kommen wir noch einmal auf den Vergleich mit farbigem Fotokarton zurück. Stellen Sie sich nun vor, mit der Farbfläche «zeichnen» zu wollen. Klingt nach einer guten Idee? Zumindest, bis Sie versucht haben, damit eine Zeichnung, die Sie vor Ihrem geistigen Auge haben, in die Tat umzusetzen. Das geht schief! Beide Prinzipien sind einfach unvereinbar: Bei einer Zeichnung denken Sie an Linien, Farbverläufe und markante Farbtupfer. Nichts davon ist mit der Folie machbar. Das Ergebnis hängt ganz allein von Ihrer Geschicklichkeit und der scharfen Klinge Ihres Cutters ab. Sie können sicher ganz tolle Motive zustande bringen, aber vergessen Sie bitte nicht, dass die entstandenen Formen sich auch zum Applizieren eignen müssen.

Nehmen Sie sich die Zeit, sich mit dem Material vertraut zu machen. Dann werden Sie sehen, wie Ihre Fantasie Ihnen den richtigen Weg zum geschicktesten Einsatz der flächigen Abziehbilder eröffnet.

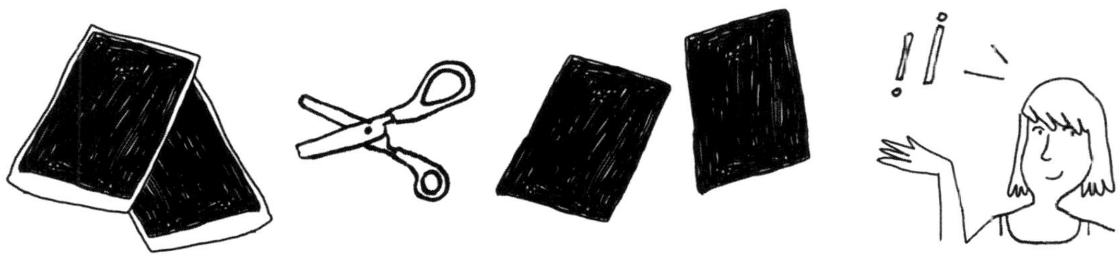

Nützliche Ratschläge

Aber auch hier heißt es wieder: Probieren geht über Studieren!

Ich werde Ihnen hier ein paar Tipps und Anregungen geben, aber Sie wissen, am besten ist es immer, Dinge selbst auszuprobieren, um den Umgang mit ihnen zu lernen.

- Wenn Sie mit dem Cutter hantieren, vergessen Sie bitte nicht, Ihre Arbeitsfläche zu schützen. Ich möchte nicht verantwortlich sein für das, was sonst unweigerlich passiert.
- Zu Ihrer Inspiration sollten Sie einen Blick auf das Spätwerk von Henri Matisse werfen. Was dieser Künstler alles mit Papier und Schere geschaffen hat, ist einfach genial: Man sagt, er habe mit der Schere gemalt.
- Es gibt weiße Folie, die Sie auf farbigen Werkstücken benutzen können. Seien Sie aber vorsichtig mit den weißen Rändern an Ihren bunten Folien. Entfernen Sie sie sorgfältig, bevor Sie die Motive aufbringen. So ersparen Sie sich böse Überraschungen.
- Sie brauchen Ihre Motive übrigens nicht freihändig auszuschneiden, sondern können sie auf der Rückseite vorzeichnen. Das Trägerpapier ist so beschaffen, dass sich Ausrutscher problemlos mit dem Radiergummi korrigieren lassen. Sie müssen unbedingt berücksichtigen, dass Ihre Vorzeichnungen auf der Rückseite das Motiv spiegelverkehrt darstellen, es sei denn, Sie hätten gern die gespiegelte Version Ihres ursprünglichen Entwurfs als Endergebnis.
- Schneiden Sie die einzelnen Segmente Ihres Motivs aus einem Blatt Papier aus und überlegen Sie, welche Farben diese später haben sollen. Wenn Sie die Motivteile direkt in Originalgröße anfertigen, können Sie sie als Schablonen benutzen und damit die Umrisse auf die Abziehfolie übertragen. Achten Sie dabei darauf, sie mit der richtigen Seite nach oben aufzulegen, damit nicht am Ende doch Musterteile spiegelbildlich erscheinen.
- Sie können bereits vorhandene Schablonen oder Motivlocher benutzen.
- Falls Sie die Zeichnung auf dem Papier aufbewahren möchten, brauchen Sie sie nicht auszuschneiden, sondern pausen sie auf Transparentpapier ab und übertragen die Umrisse dann auf die Rückseite der Abziehfolie.
- Der Abstand zwischen den einzelnen Segmenten des Motivs ist Bestandteil des Entwurfs. Er ergibt die Lücken zwischen den Farbflächen.
- Selbstverständlich ist es auch möglich, mit dieser Methode Strich- und Linienmuster zu kreieren, aber bitte denken Sie schon beim Entwerfen daran, dass sie anschließend noch ausgeschnitten und appliziert werden müssen. Je feiner die Linien, desto leichter zerknittern und zerreißen sie.

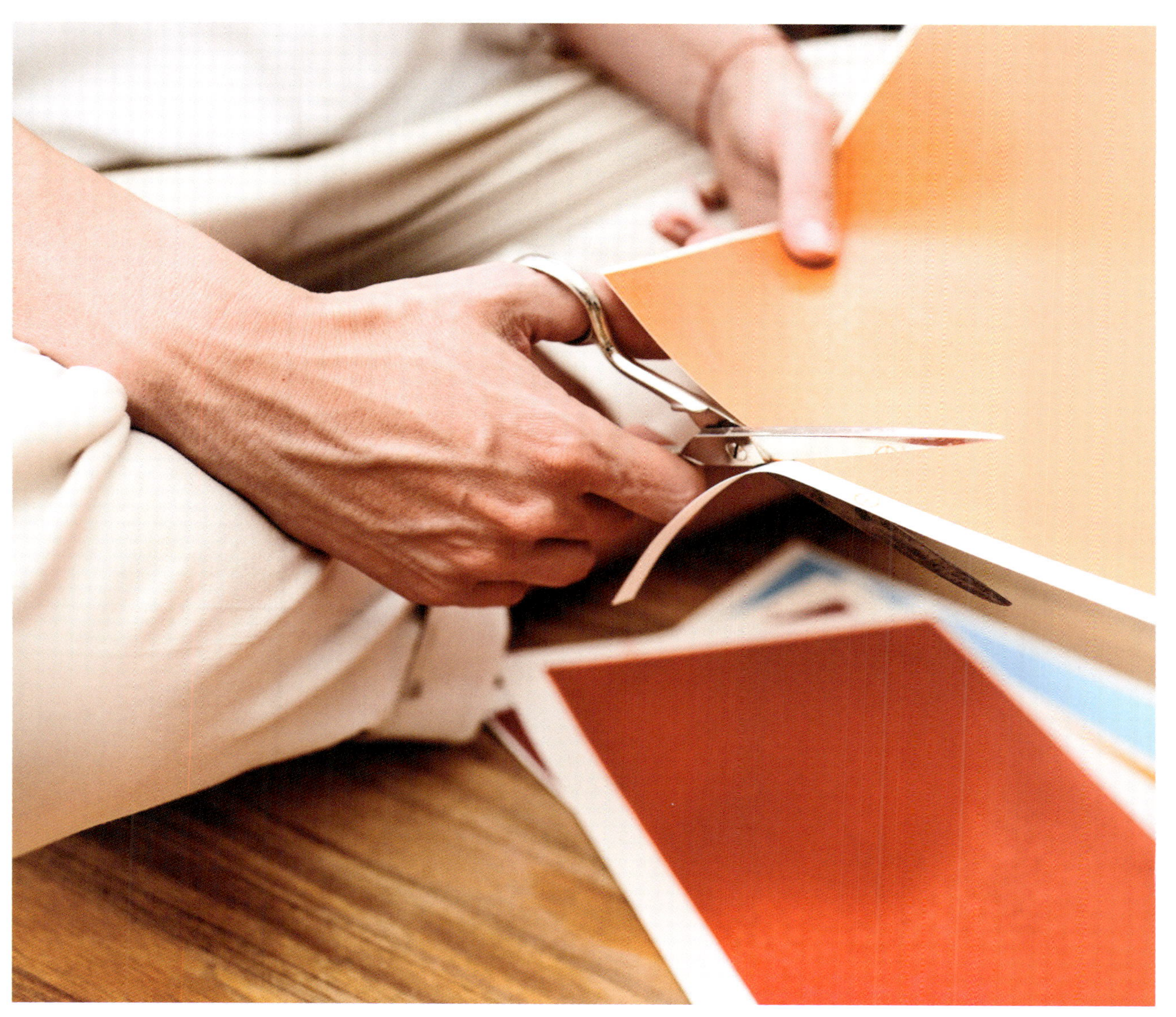

- Es steht Ihnen frei, auch Text mit einzubauen. Dazu sollten Sie kräftige, dicke Buchstaben zeichnen und ausschneiden.
- Die Farbflächen dürfen sich bei dieser Technik sogar überlappen, bedenken Sie aber bitte Folgendes: Erstens sind flächige Abziehfolien etwas dicker als die anderen beschriebenen Sorten von Abziehbildern. Wenn mehrere übereinander positioniert werden, ergibt sich ein leicht erhabenes Ornament. Zweitens fällt bei diesen Überlagerungen die Mischung nicht unbedingt erwartungsgemäß aus. Aus Blau plus Gelb wird also nicht Grün, sondern es entsteht eher ein unschönes schmutziges Braungelb.
- Keramische Abziehfolien sind erfreulicherweise auch in Rot erhältlich, der schwierigsten Farbe bei Keramikglasuren.
- Die entstehenden Farbflächen sind sehr viel lebhafter und leuchtender als bei digitalen Abziehbildern.
- Nutzen Sie die gesamte Fläche der Abziehfolie möglichst geschickt. Setzen Sie Ihr Motiv nicht einfach mitten auf den Bogen, sodass der Rest der Fläche für weitere größere Ornamente verloren ist. Denken Sie daran, dass jeder kleine Schnipsel noch brauchbar sein kann, und bewahren Sie die Reste für spätere Projekte auf.

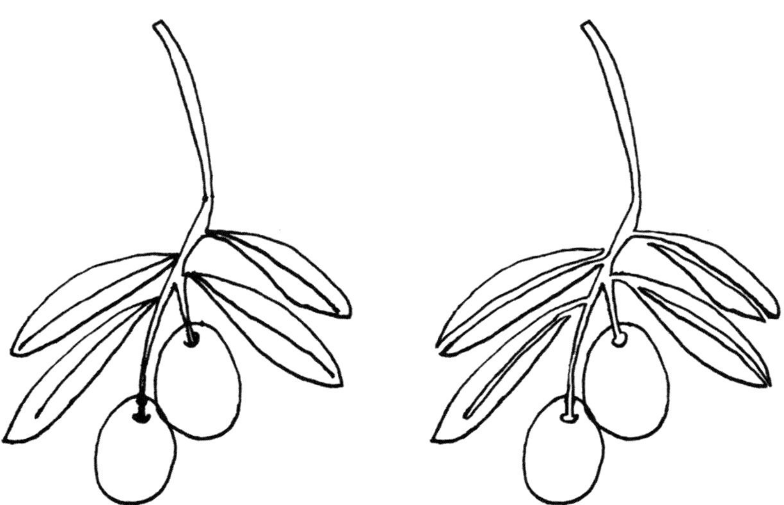

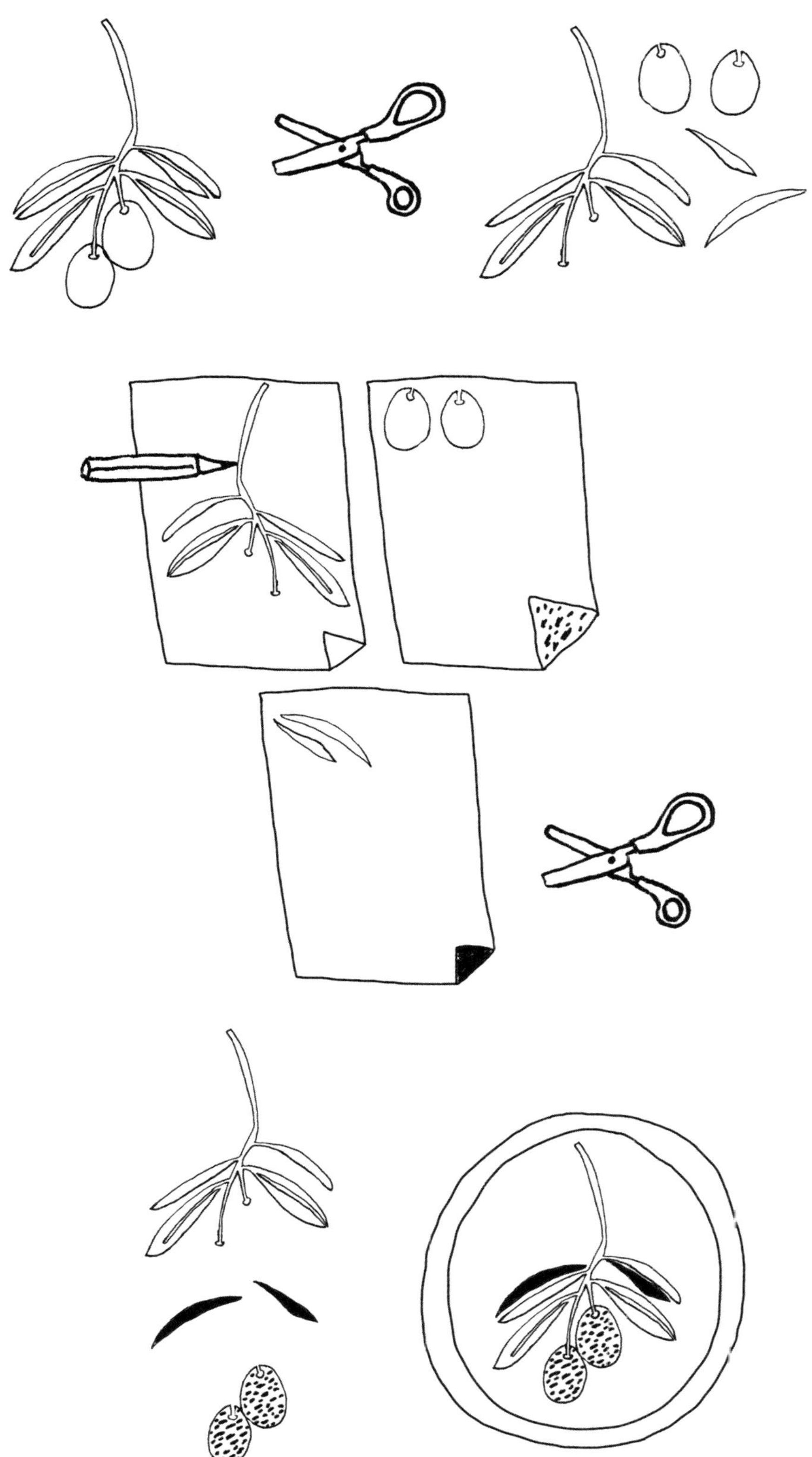

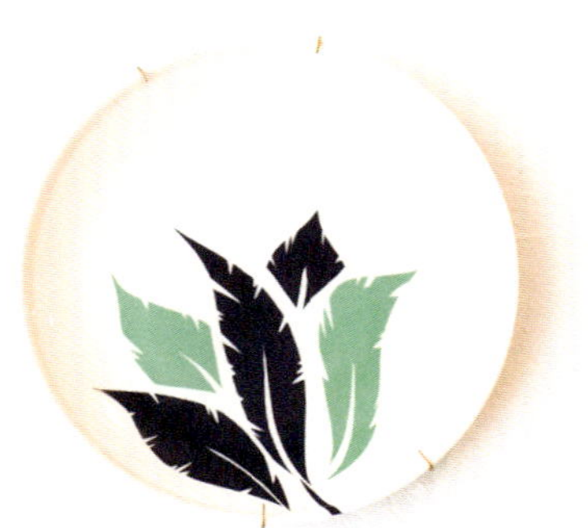

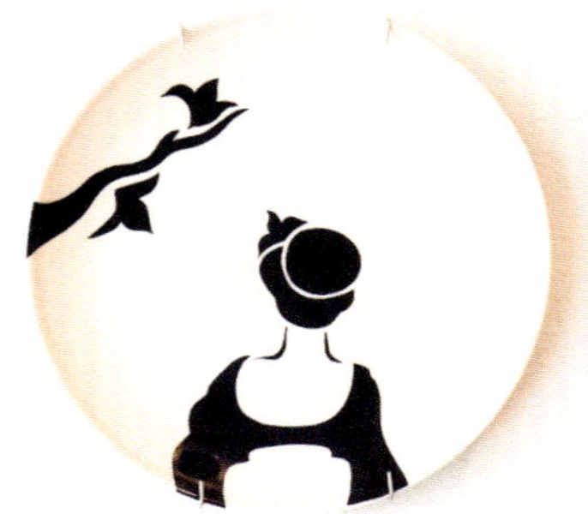

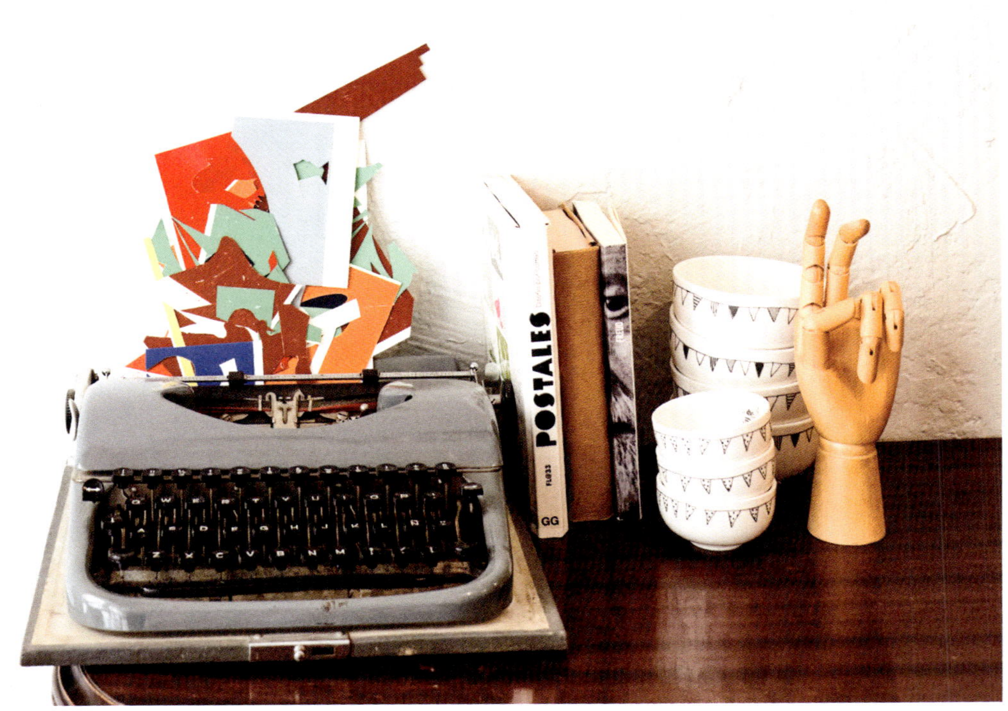
POSTALES
GG

Ich könnte immer so weitermachen …

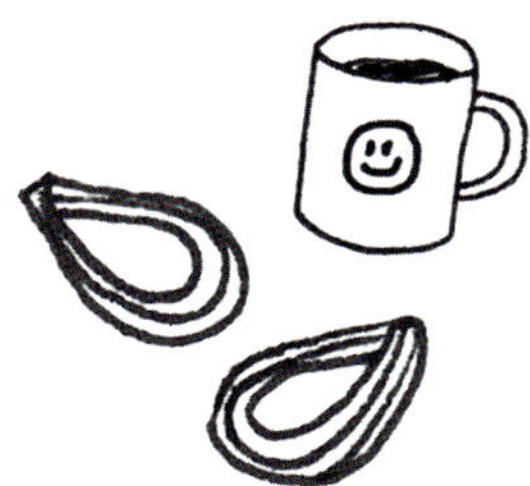

Inzwischen ist es mit Ihnen vielleicht schon so weit gekommen, dass Sie gar nicht mehr aufhören können, kreativ zu sein, und Ihnen ganz spontan tausend Dinge einfallen. Könnten Sie sich sogar vorstellen, verschiedene Arten von keramischen Abziehbildern auf einem einzigen Werkstück miteinander zu kombinieren? Was für eine spannende Idee! Bevor Sie in dieser Richtung weiterdenken, lassen Sie mich jedoch noch ein paar Dinge klarstellen.

Sie dürfen gern alle Techniken, die Ihnen in den Sinn kommen, miteinander verbinden, auch unterschiedliche Arten von Abziehbildern – allerdings immer vorausgesetzt, dass alle im selben Temperaturbereich gebrannt werden können. Flächige Abziehfolien zum Beispiel brauchen eine Brenntemperatur zwischen 760 und 820 °C, die digitale Version wird (abhängig vom Typ) bei 550–1180 °C gebrannt. Bitten Sie Ihren Anbieter um Auskunft zu diesen Fragen, bevor Sie den Überblick verlieren.

Es stimmt, dass Sie ein Werkstück sooft wie nötig bei verschiedenen Temperaturen brennen können, das kann aber ganz schön kostspielig werden, weil Sie ja jeden einzelnen Brenndurchgang bezahlen müssen. Daher ist es sinnvoller und ökonomischer, wenn Sie Ihre Schaffenskraft auf eine einzige Technik konzentrieren und damit allen Komplikationen aus dem Weg gehen.

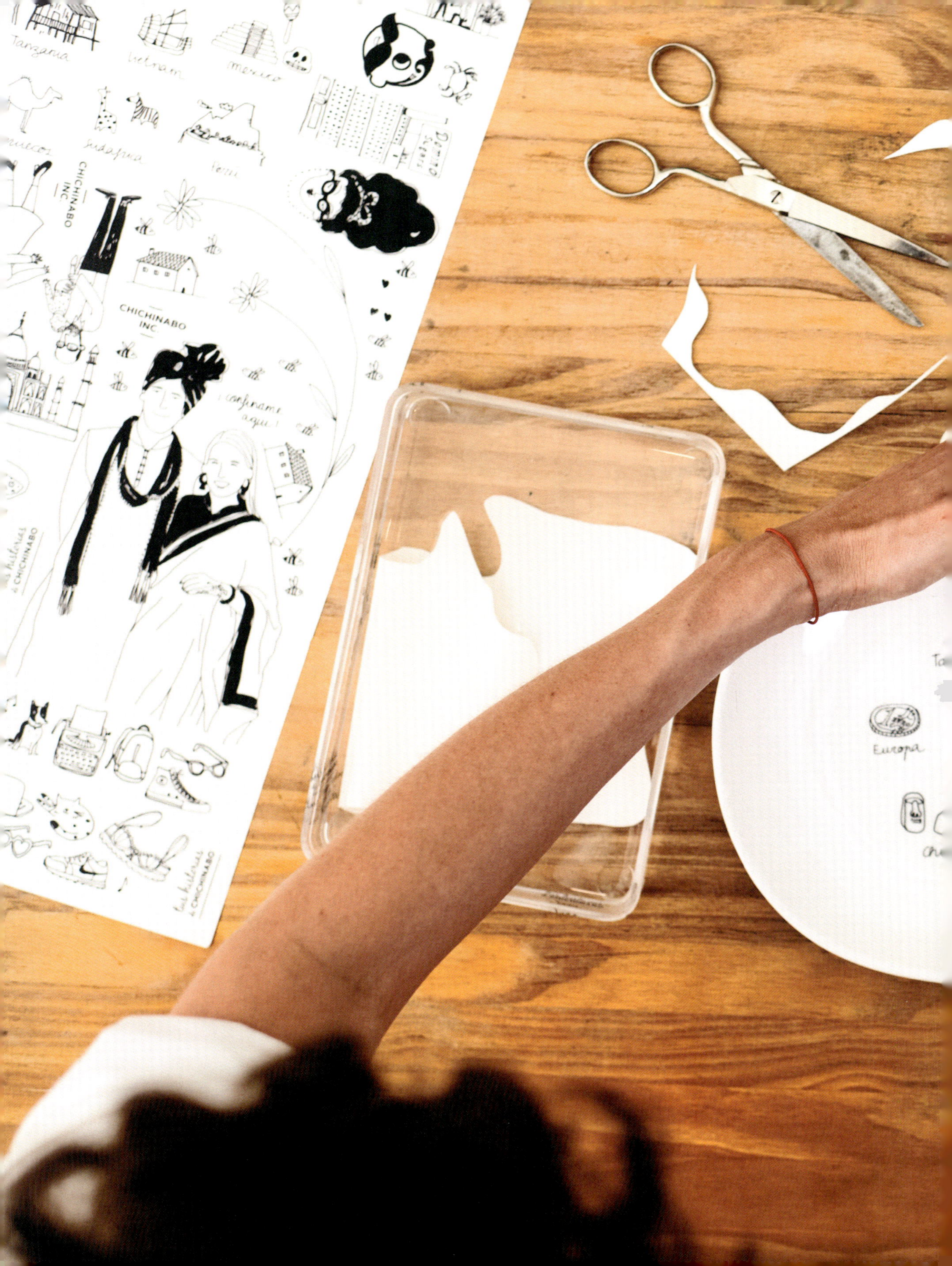

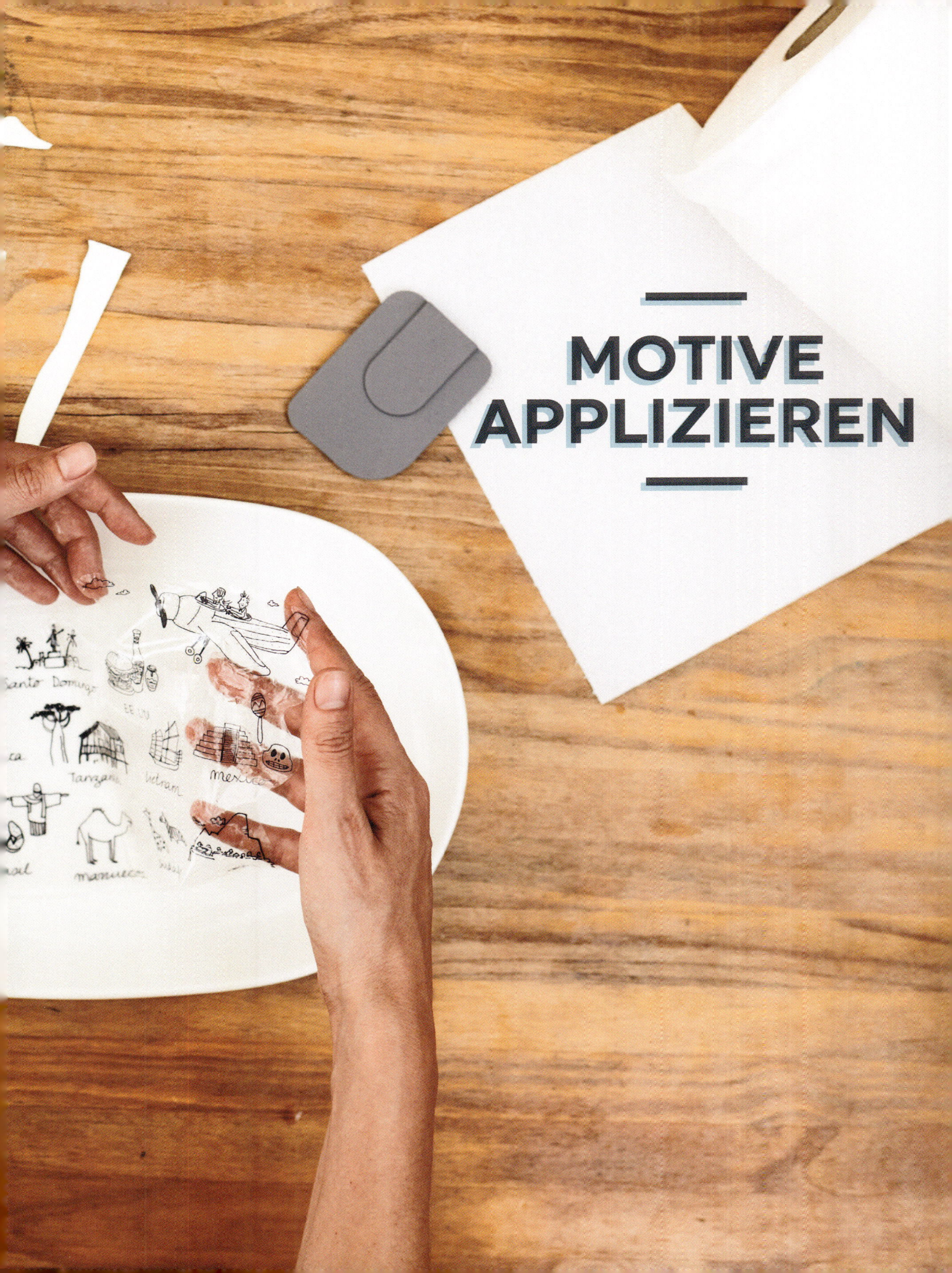

MOTIVE APPLIZIEREN

Auf die Plätze, fertig, los! Jetzt wird geklebt!

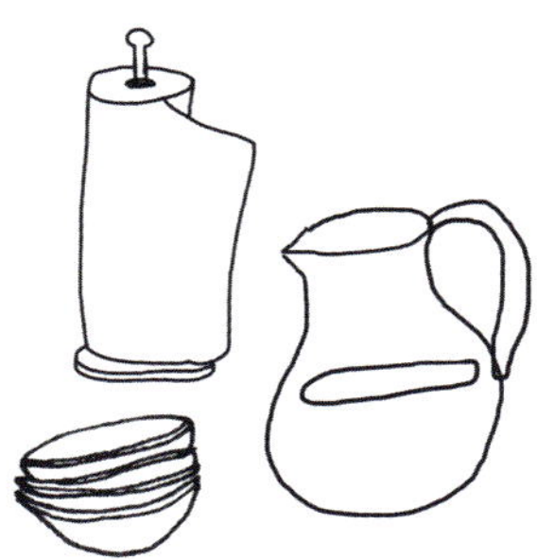

Ganz gleich, ob bei Ihnen gerade der Postbote mit dem heißersehnten Umschlag voller digitaler Abziehbilder vor der Tür steht, ob Sie eben im Keramikfachhandel massenhaft Material gekauft haben oder vor wenigen Minuten Ihr allererstes Abziehbild in Ihrer eigenen Siebdruckwerkstatt geschaffen haben, dies ist der Zeitpunkt, auf den Sie so lange gewartet haben: Gleich werden Sie erleben, wie Ihre Motive auf dem Keramikobjekt zur Geltung kommen.

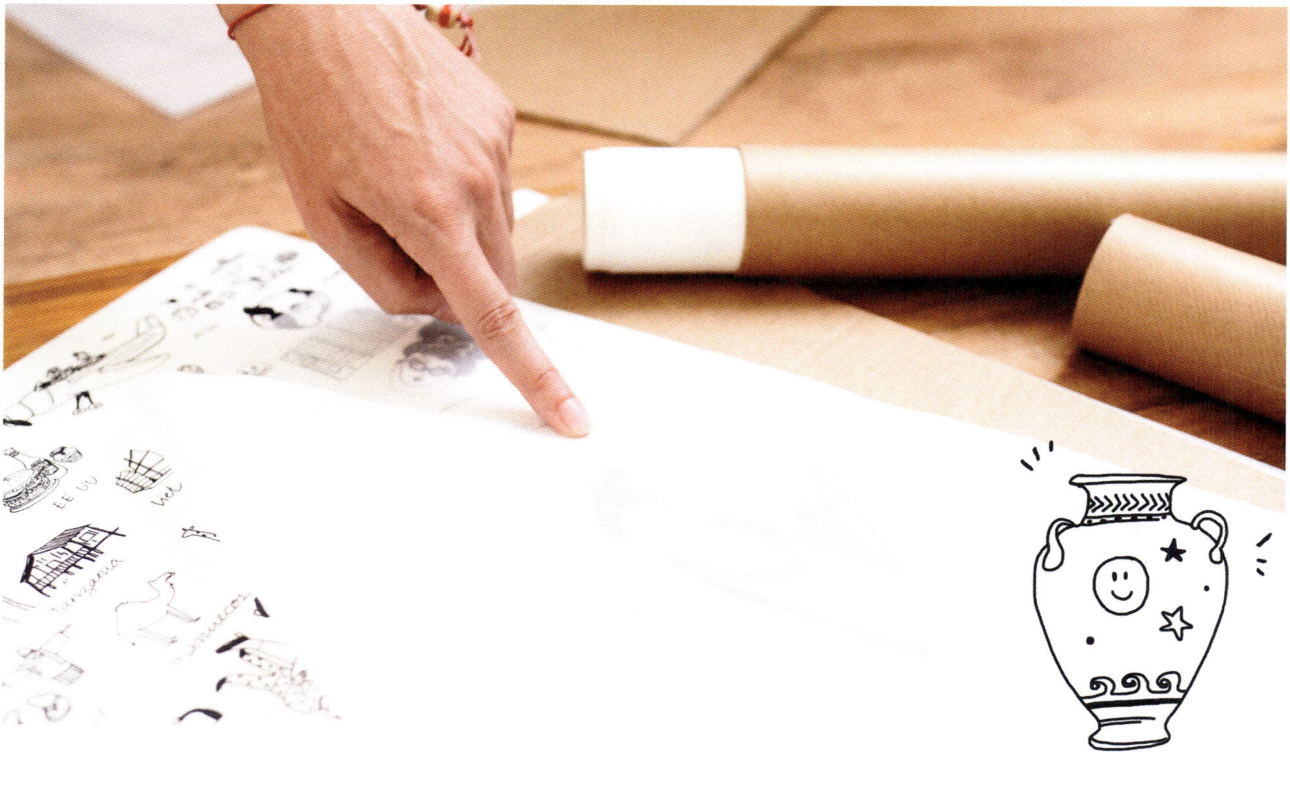

Katastrophen mit digital entworfenen Abziehbildern vermeiden

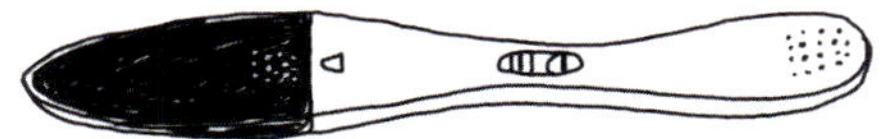

Wenn Sie sich für digitale Abziehbilder entschieden haben, könnte es sein, dass Sie jetzt etwas verunsichert sind. Ich drücke Ihnen allerdings die Daumen, dass das nicht passiert. Sie haben sich an meine Ratschläge gehalten und alles ist an seinem Platz? Wenn nicht, dann immer mit der Ruhe! Ich werde Ihnen hier die häufigsten Probleme auflisten, damit Sie sich künftige Enttäuschungen ersparen und hier noch retten können, was zu retten ist. Machen Sie sich keine Vorwürfe, Pannen sind uns allen schon passiert.

— **Es fehlen Motive** Überprüfen Sie, ob alle Entwürfe, die Sie eingeschickt haben, auch ausgedruckt wurden. Jeder Mensch kann sich irren, auch Ihr Anbieter. Vielleicht haben Sie sich ja vertan und Ihre Motive nicht komplett in das *Photoshop*-Dokument übertragen? Sollte das der Fall sein, müssen Sie jetzt improvisieren. Versuchen Sie, Ihr Design auch ohne die fehlenden Partien zu realisieren. Sie erinnern sich? Manchmal sind Sie der einzige Mensch, der weiß, wie das Konzept ursprünglich hätte aussehen sollen. Falls es allerdings ganz unmöglich wirkt, bleibt Ihnen wohl nichts anderes übrig, als das Ganze nochmals neu in Auftrag zu geben. Nutzen Sie die Gelegenheit, um den Bogen eventuell mit zusätzlichen, neuen Motiven aufzufüllen.

— **Motivteile sind abgeschnitten oder übereinander geschoben** Das liegt dann daran, dass Sie nicht alle Ebenen in *Photoshop* korrekt vervielfältigt haben, sodass der überstehende Rand des einen dann andere verdeckt. Möglicherweise haben Sie die einzelnen Ornamente auch nicht gut genug getrennt. Atmen Sie tief durch und sehen Sie zu, ob noch etwas davon zu retten ist. Wenn nicht, heben Sie die verunglückten Versuche auf, um damit auszuprobieren, wie sie am geschicktesten appliziert werden, und bestellen Sie neue – am besten an einem Tag, an dem Sie frisch und ausgeruht sind.

— **Die Designs sind verpixelt** Wenn Sie nicht zufällig Konzeptkünstler:in sind und genau diesen Effekt beabsichtigen, dann ist hier nichts mehr zu machen. Benutzen Sie die misslungenen Motive zu Übungszwecken und fertigen Sie neue an. Wahrscheinlich liegt der Fehler daran, dass Ihr *Photoshop*-Dokument nicht die richtige Auflösung hatte (diesmal 72 dpi), oder dass Sie die Datei nicht korrekt digitalisiert haben. Lesen Sie noch einmal meine Ratschläge für Menschen mit Scanner-Phobie auf Seite 65. Anschließend überprüfen Sie erneut Größe und Auflösung Ihrer *Photoshop*-Datei und machen im Zweifelsfall nochmals Probeausdrucke. Bitte merken Sie sich folgenden Grundsatz: Ein gescannter Entwurf lässt sich nicht vergrößern, ohne dass die Auflösung darunter leidet. Wenn Sie alle genannten Fehlerquellen ausschließen konnten, dann liegt die Panne vielleicht daran, dass Sie Ihren Entwurf nicht richtig abgespeichert haben. Trifft auch das nicht zu, dann haben Sie womöglich die Datei als Anhang einer E-Mail verschickt und dabei hat sich die Auflösung verschlechtert. Falls auch das den Fehler nicht erklärt, dann sprechen Sie unbedingt mit Ihrem Anbieter darüber, damit das Gleiche nicht noch einmal passiert. Zwei so böse Überraschungen sind Grund genug, dieses Buch zu verbrennen, und ich möchte nicht …

— **Die Ornamente haben nicht die gewünschte Größe** In diesen Fall haben Sie sich ziemlich sicher bei Größe und Auflösung vertan. Das nächste Mal machen Sie bitte zu Hause Probeausdrucke, um solche unangenehmen Überraschungen zu vermeiden. (Ja, ich weiß, dass ich mich wiederhole.) Glücklicherweise ist dies ein kleineres Problem, das sich mit ein wenig Improvisation lösen lässt: Sie schneiden Teile zurecht und arrangieren die Komposition um oder Sie applizieren mehrere kleinere Motive pro Objekt, um die Fläche zu füllen. Lassen Sie Ihrer Fantasie freien Lauf und spielen Sie mit den Möglichkeiten. Solche Momente sind Herausforderungen, die Sie annehmen sollten. Denken Sie wieder an einen unserer wichtigsten Grundsätze: Offen bleiben. Nur Sie allein wissen, wie das Endergebnis ursprünglich hätte aussehen sollen.

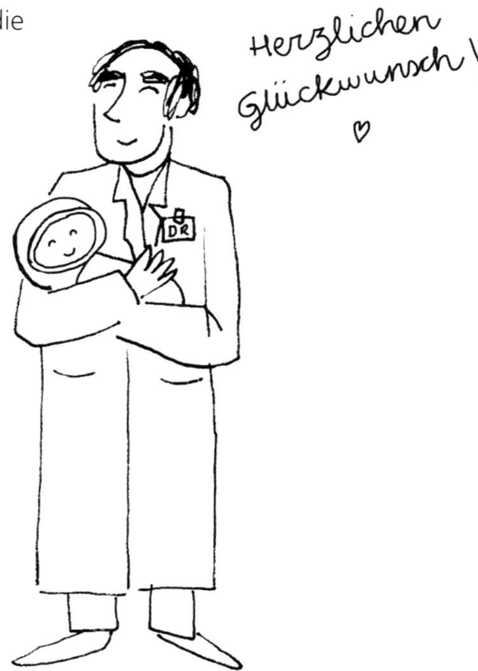

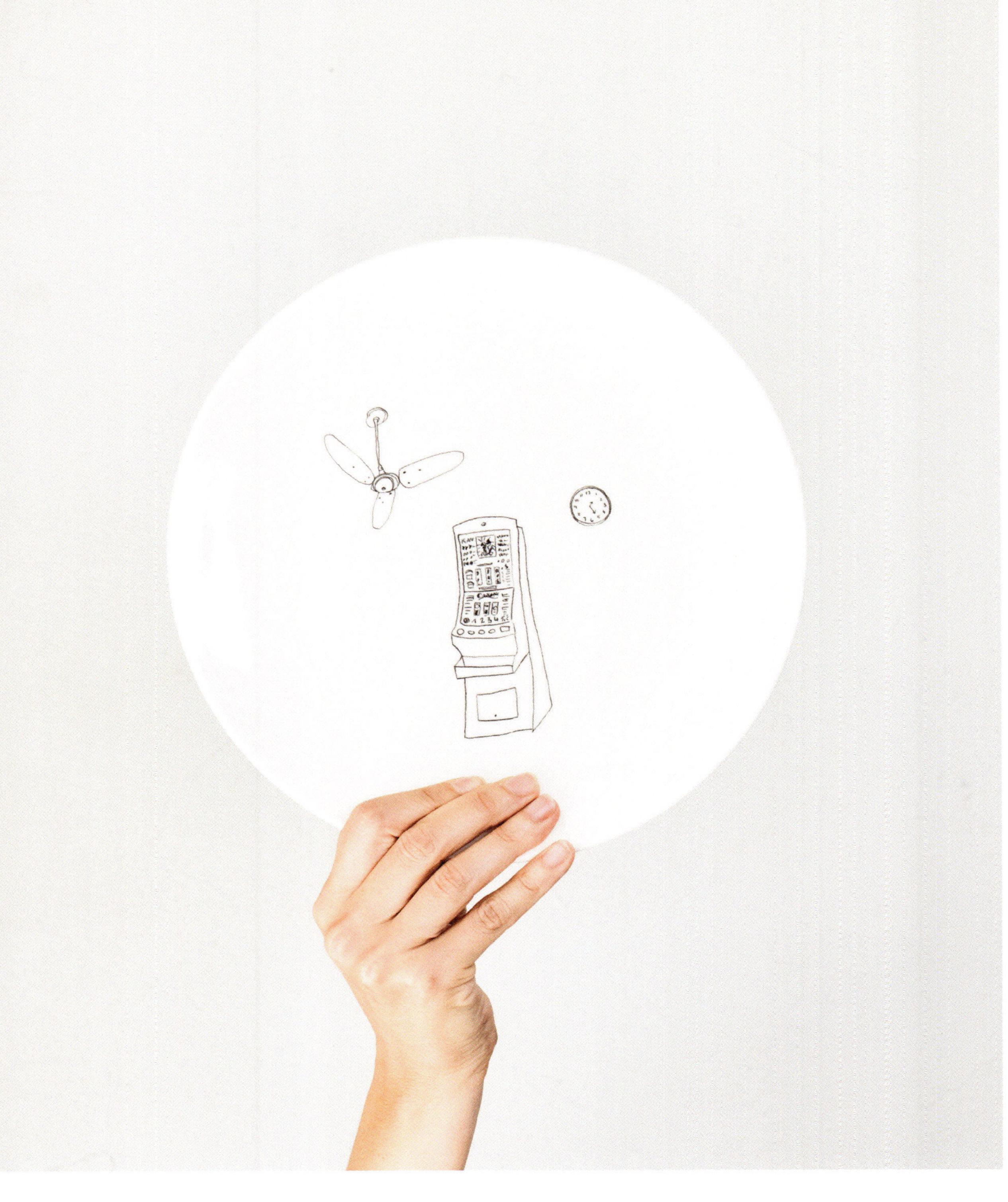

Der Arbeitsablauf

Wenn wir sämtliche Schwierigkeiten gemeistert haben und alles bereitliegt, können wir endlich die Abziehbilder auf das Werkstück aufbringen. Ganz gleich, mit welcher Art von Transfers Sie arbeiten, sollten Sie unbedingt vorab schon einmal ein paar kleine Teile Ihres Materials zuschneiden und einen Probedurchgang einschieben, um sich so mit seinen Eigenschaften vertraut zu machen. Dazu reicht es völlig, nur ein ungemustertes Stückchen zu applizieren, es geht ausschließlich darum, auszuprobieren, wie es sich verhält.

Bevor Sie sich ans Werk machen, müssen Sie das gewählte Keramikobjekt gründlich von Staub und eventuellen Gebrauchsspuren reinigen. Sie brauchen es aber nicht zu übertreiben: Desinfizieren ist wirklich nicht notwendig!

1 AUSSCHNEIDEN

— Beim Ausschneiden Ihrer Motive lassen Sie bitte einen kleinen Rand von etwa zwei Millimetern rundum. Ornamente aus einfarbigen Abziehfolien müssen Sie natürlich exakt ausschneiden, ohne Rand. Es ist wichtig, in dieser Phase so präzise wie möglich zu arbeiten und darauf zu achten, dass keine unschönen Spitzen und Ecken entstehen. Gerundete Schnitte sind generell besser zu handhaben.

— Es ist nicht notwendig, dass Sie jedes Motiv einzeln ausschneiden und applizieren. Sie können Kompositionen mit transparentem Zwischenraum in größeren Gruppen anordnen, sofern der Abstand zwischen den einzelnen Elementen stimmt. Auf diese Weise kommen Sie sehr viel schneller voran. Bei dieser Methode müssen Sie das allerdings schon vorab bei der Anordnung der Motive im Dokument planen.

— Sie können Ihre Abziehbilder ausgeschnitten oder als kompletten Bogen ein paar Tage aufbewahren. Am besten ist es jedoch, sie so bald wie möglich zu applizieren. Das Material wird recht schnell trocken, verliert dadurch seine Elastizität, wird viel brüchiger und ist dann nur schwer aufzubringen. Wenn Sie die Bilder aus irgendeinem Grund längere Zeit nicht verarbeiten können, legen Sie sie so aufeinander, dass die Motivseite immer nach oben weist. Andernfalls könnten sie zusammenkleben und unbrauchbar werden. Falten Sie aus der mitgelieferten Schutzfolie kleine Umschläge und bewahren Sie Ihre Transfers darin an einem Ort auf, an dem sie vor Sonnenlicht und Hitze geschützt sind.

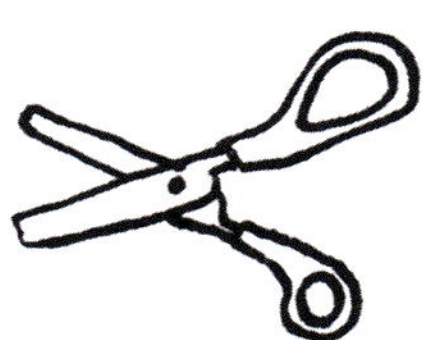

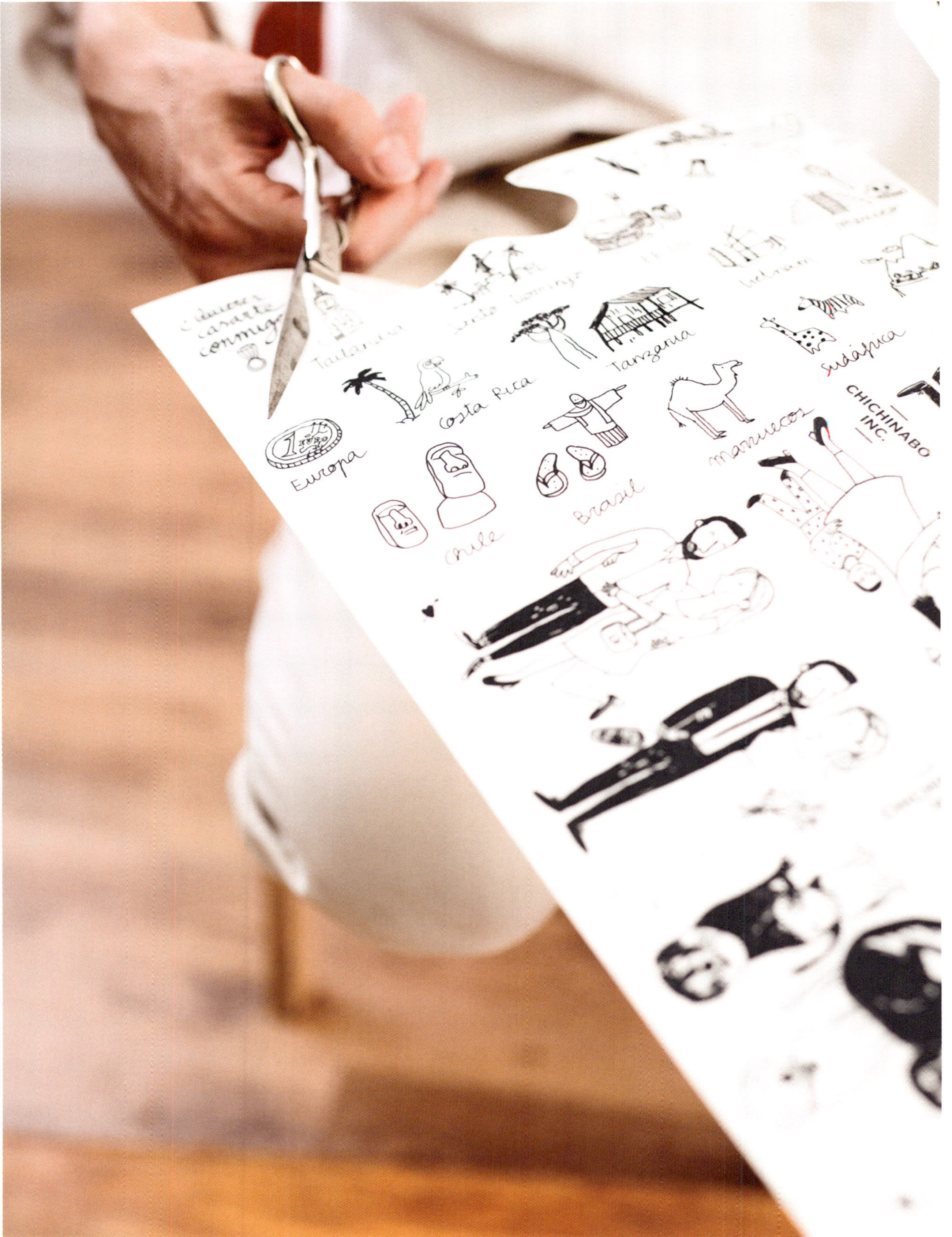
casarte
conmigo
Tailandia
Santo Domingo
Tanzania
Sudáfrica
Costa Rica
Europa
marruecos
CHICHINABO
INC.
Chile
Brasil

2 EINWEICHEN

— Sie benötigen ein Gefäß, das Sie mit Wasser füllen, um darin die Abziehbilder einzuweichen. In Küche oder Vorratsschrank findet sich bestimmt eine geeignete Frischhaltedose oder Auflaufform. Idealerweise ist das Gefäß so groß, dass Ihr größtes Motiv ganz hineinpasst. Es sollte nicht zu tief sein, das wäre beim Eintauchen unpraktisch. Aber das werden Sie alles schnell selbst herausfinden.

— Füllen Sie das Gefäß mit Wasser. Dieses sollte Zimmertemperatur haben. Wenn es sehr kalt ist, dauert es länger, bis sich das Motiv vom Trägerpapier löst, ein Schaden entsteht jedoch nicht.

— Legen Sie Ihr Abziehbild mit dem Motiv beziehungsweise der Farbfläche nach oben in die Wasserschale und fassen Sie sich in Geduld. Meist rollen oder ringeln sich die Ränder der Beschichtung leicht nach oben. Keine Sorge, das ist völlig normal. Sie können diese bedenkenlos mit den Fingern nach unten auf den Boden des Gefäßes drücken und glattstreichen. Wichtig ist, dass die gemusterte Fläche vollständig im Wasser liegt, damit sie sich vom Trägerpapier lösen kann. Sobald Sie etwas Übung damit haben, können Sie auch mehrere Motive gleichzeitig einweichen, dann geht es schneller voran.

— Sie können den Prozess noch weiter beschleunigen, indem Sie leicht mit dem Finger über das Motiv reiben. Werden Sie aber bitte nicht ungeduldig. Wenn Sie übertreiben, kann das empfindliche Bildchen reißen.

— Sobald sich die transparente Beschichtung mit dem aufgedruckten Ornament beziehungsweise der Farbfläche vom Trägerpapier löst, ist es Zeit, das Abziehbild aus dem Wasser zu holen und auf dem Werkstück aufzubringen. Es ist übrigens nicht schlimm, wenn sich das Motiv schon im Wasser vollständig abgelöst hat und nun frei darin herumschwimmt.

— Fischen Sie das Trägerpapier aus dem Gefäß. Wechseln Sie zwischen mehreren Motiven regelmäßig das Wasser, da es mit der Zeit ein bisschen schmierig wird.

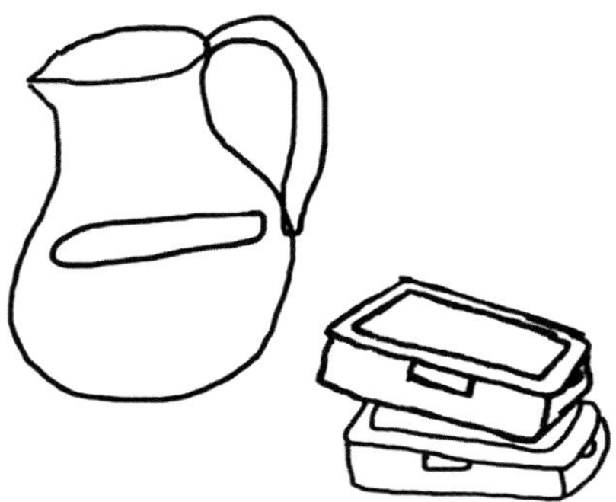

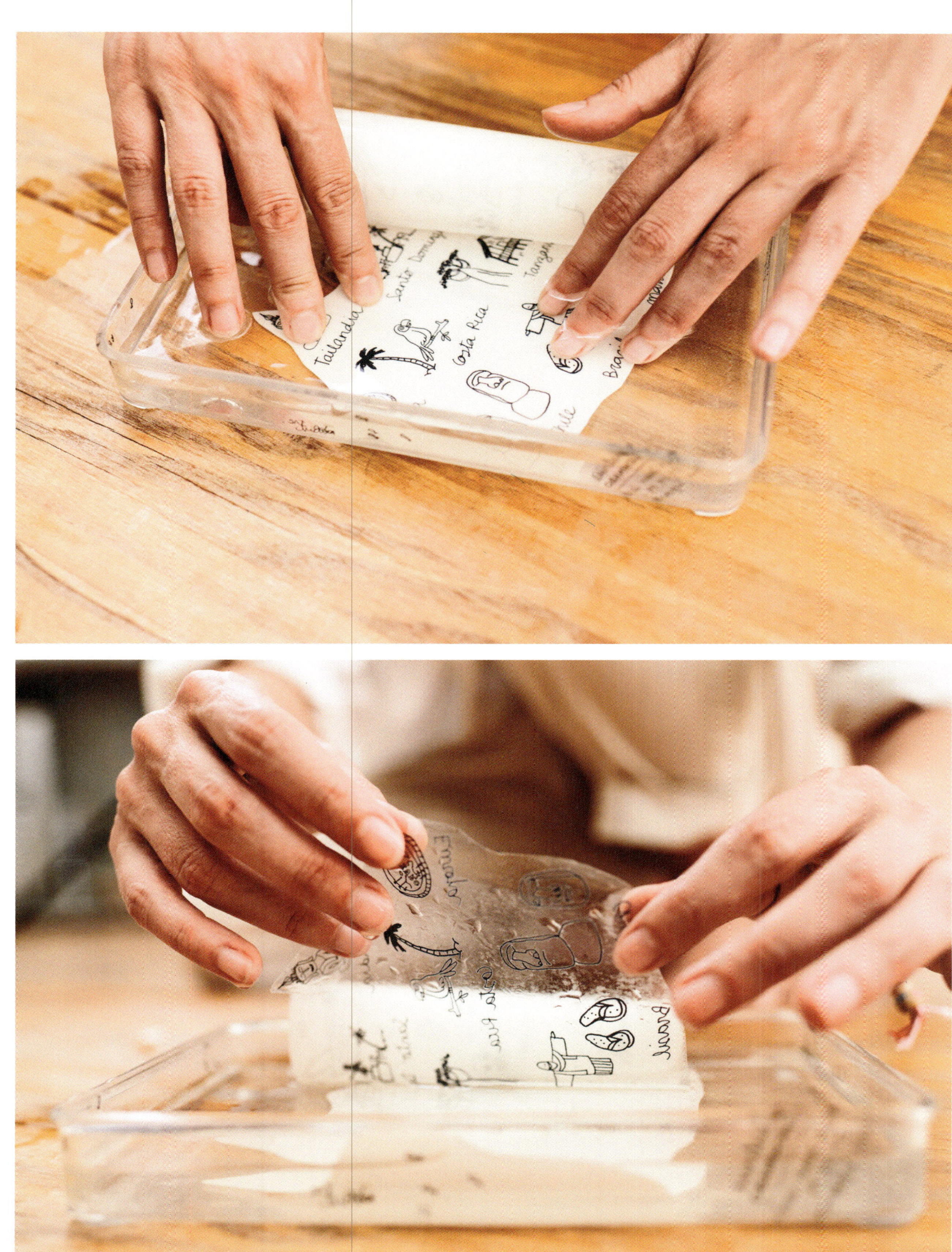
Tailandia
Santo Domingo
Costa Rica

3 APPLIZIEREN

— Übertragen Sie das Bild vorsichtig auf das Werkstück. Achten Sie darauf, dass die bedruckte Seite nach oben zeigt. Sie haben das Trägerpapier mit der gemusterten Seite nach oben ins Wasser gelegt und genauso müssen Sie es nun auf die Keramik auflegen. Falls das Motiv Text enthält, merken Sie Fehler sofort, da die Schrift dann spiegelverkehrt erscheint.

— Sie werden sehen, dass sich das Bild in diesem Stadium noch ganz leicht auf dem Untergrund verrutschen lässt. Sie können es einfach hin und her schieben, bis Sie die richtige Position gefunden haben. Sehr großflächige Ornamente lassen sich manchmal nicht so gut auf dem Werkstück bewegen. Versuchen Sie es bitte nicht mit Gewalt. Nehmen Sie es vorsichtig wieder von der Oberfläche ab und tauchen Sie es noch einmal ins Wasser. Sie werden feststellen, dass es sich beim nächsten Versuch problemlos verschieben lässt. Damit es gleich beim ersten Versuch klappt, empfiehlt es sich, das Werkstück an der vorgesehenen Stelle mit nassen Fingern zu befeuchten. Auf dem Wasserfilm gleitet das Bild sehr viel besser.

— Übrigens dürfen sich Abziehbilder auch überlappen, aber wie schon erwähnt, ist das nicht ideal.

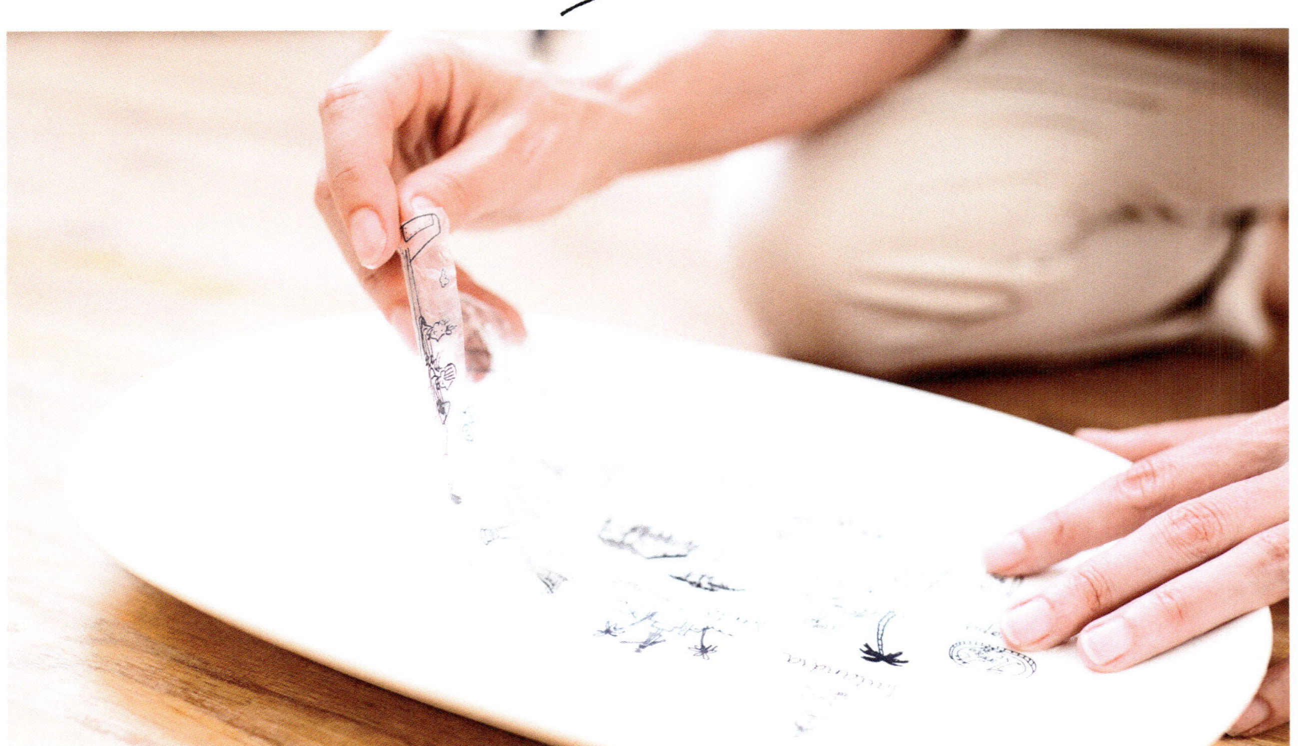

4 TROCKNEN

— Wenn Sie die ideale Position für Ihr Abziehbild gefunden haben, kann es fixiert werden. Dazu müssen Wasserreste und Luftbläschen, die womöglich noch darunter eingeschlossen sind, entfernt werden.

— Nehmen Sie ein Stück Küchenpapier, schieben Sie damit vorsichtig, aber nicht zu zögerlich, Wasser und Luft von der Mitte des Bildes zu den Rändern hin. Bei kleineren Motiven reicht es oft aus, das Küchenpapier fest aufzudrücken, denn die Fläche genügt ja nicht, um von der Mitte nach außen zu arbeiten. Bei sehr großen Bildern dagegen können Sie einen Teigschaber zu Hilfe nehmen und wie einen Spachtel einsetzen. Es geht nicht darum, das Bildchen sanft zu streicheln, vielmehr sollen überschüssiges Wasser und unerwünschte Luftblasen zwischen Bild und glasierter Oberfläche des Werkstücks gründlich entfernt werden.

— Schieben und ziehen Sie nicht zu fest, das Abziehbild könnte sonst reißen. Sollte das einmal der Fall sein, dann positionieren Sie die Einzelteile so nah wie möglich aneinander – und drücken Sie die Daumen. Manchmal ist nach dem Brennen nichts mehr von diesem Missgeschick zu sehen, gelegentlich bleibt eine kleine Narbe zurück. *C'est la vie!* Sollten Sie sich mit dem Cutter so richtig ausgetobt haben, und Ihr wunderbares Motiv hat filigrane, zarte Strukturen, dann ist es völlig normal, dass Sie jetzt Blut und Wasser schwitzen. Sie erkennen, dass das Bild gut haftet, wenn Sie es mit dem Finger berühren und es nicht mehr verrutscht.

— Jetzt nehmen Sie das frisch dekorierte Keramikteil in die Hand, halten es auf Augenhöhe horizontal vor sich und drehen es hin und her, um zu überprüfen, ob sich nicht doch noch Bläschen unter dem Bild befinden. Richtig dicke Blasen fallen sofort auf. Sollten Sie dagegen ein paar winzige Einschlüsse entdecken, ist das kein Grund zur Aufregung. Diese sind ganz normal und stören nicht weiter. Manchmal handelt es sich auch um kleine Fehler in der Glasur, die man nicht einmal fühlen kann. Bei großen Blasen ist allerdings Handeln angesagt. Lösen Sie das Bild ganz vorsichtig ab und applizieren Sie es erneut. Wenn nicht, wird der Lufteinschluss im Brennofen geradezu explodieren. Kontrollieren Sie auf diese Art nacheinander sämtliche aufgebrachte Motive.

— Sollten Sie sich geirrt haben und das Bild sitzt nicht an der richtigen Stelle, dann ist das kein Grund zur Panik. Wenn Sie das Ornament gut appliziert haben und die Panne erst später bemerken, ist es vielleicht schon angetrocknet. In diesem Fall wird die Korrektur mühsamer. Versuchen Sie, das Bildchen an einer Ecke anzuheben, und feuchten Sie es an, um es nach und nach abziehen zu können. Lassen Sie sich Zeit dabei, sonst stehen Sie am Ende mit einem halben Motiv in der Hand da. Will sich das Bild mit dieser Methode nicht lösen, tauchen Sie das ganze Werkstück in Wasser und lassen es etwas einweichen. Wenn Sie dann schließlich das abgezogene Bild unversehrt in Händen halten, machen Sie sich erneut ans Werk – dieses Mal genau an der richtigen Stelle.

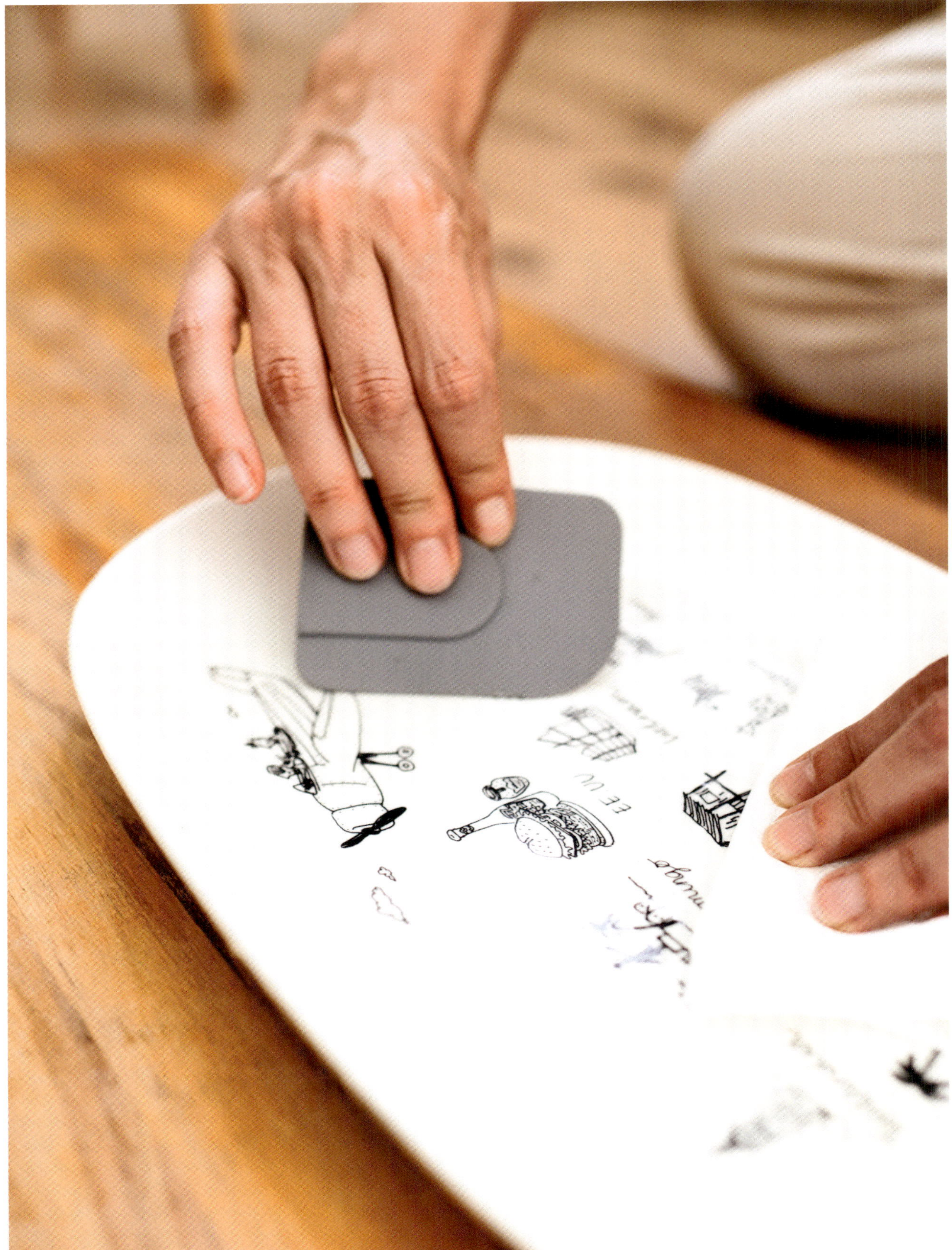

5 TRANSPORTIEREN

— Lassen Sie Ihre frisch dekorierten Werkstücke für alle Fälle ein paar Stunden trocknen, bevor Sie sie gut verpacken, damit ihnen auf dem Weg zum Brennofen nichts zustößt. Die Druckerschwärze von Zeitungspapier hinterlässt manchmal hässliche Flecken, daher lieber Küchenpapier oder die Originalverpackung des Keramikteils zum Einwickeln benutzen.

— Es ist wichtig, die Werkstücke so zu verpacken, dass sie nicht aneinanderstoßen, damit sie nicht zerbrechen oder die applizierten Motive beschädigt werden. Auch das Schutzpapier der Abziehbilder ist als Verpackungsmaterial geeignet. Stopfen Sie die Zwischenräume zusätzlich aus, damit Stöße abgepuffert werden.

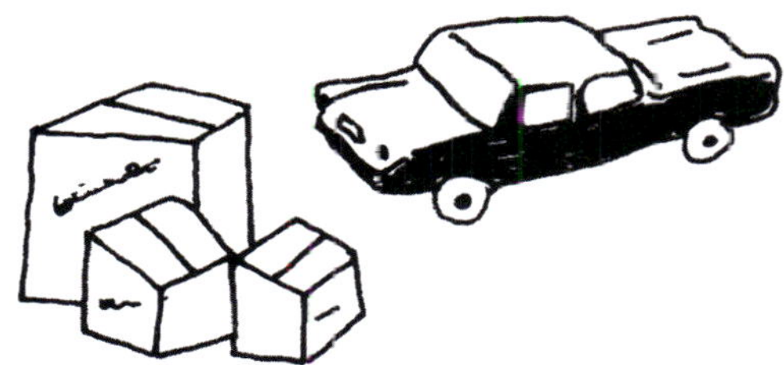

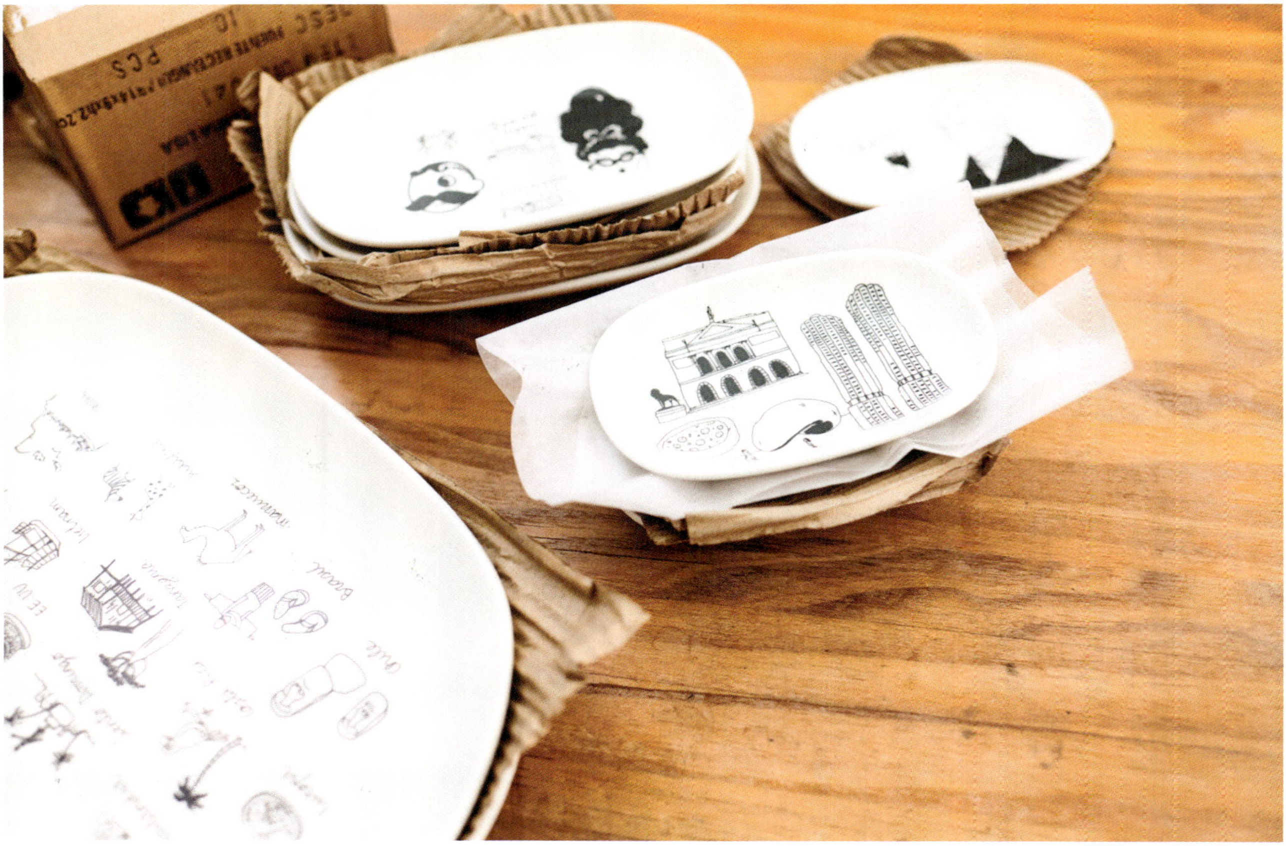

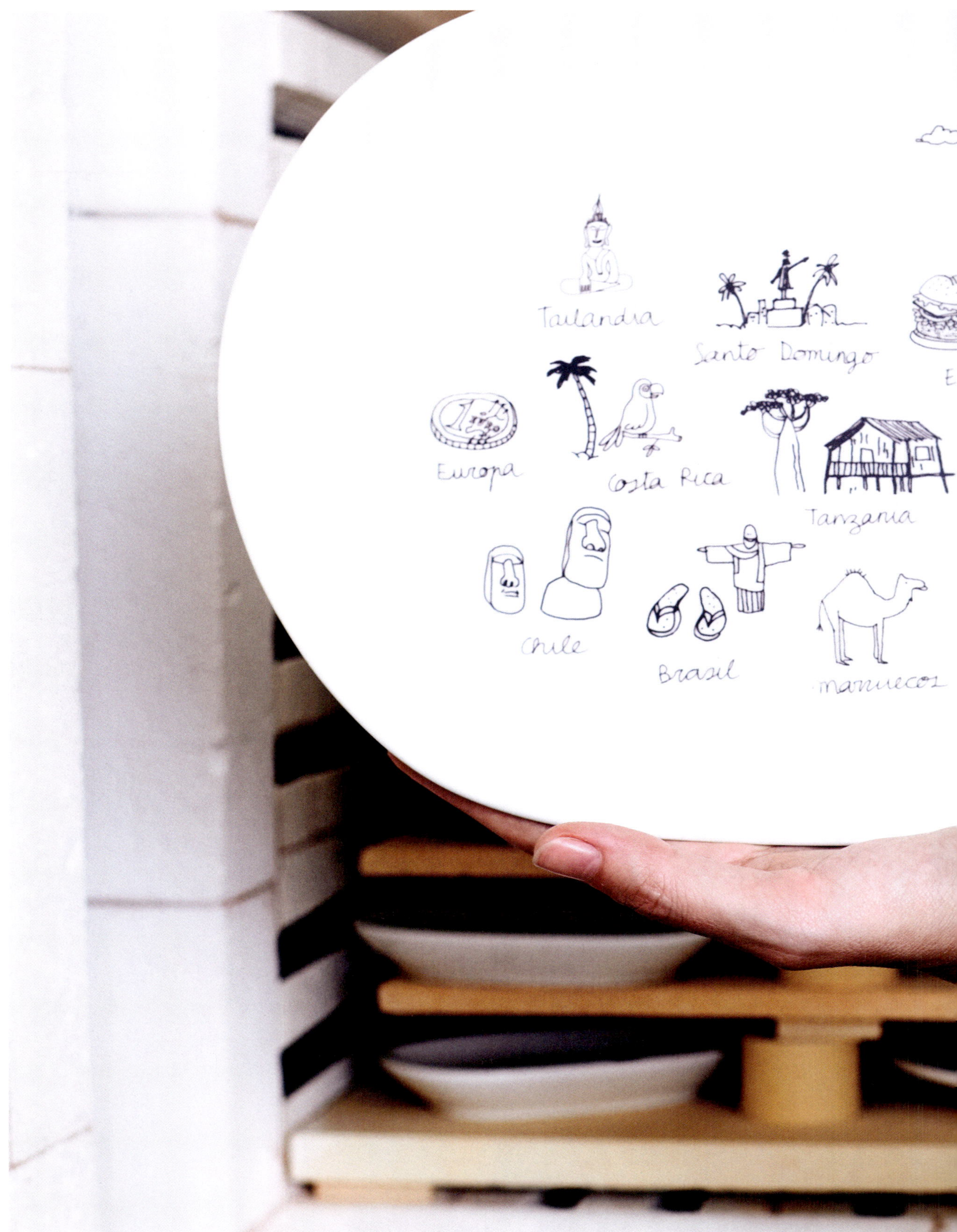
Tailandia
Santo Domingo
Europa
Costa Rica
Tanzania
Chile
Brasil
marruecos

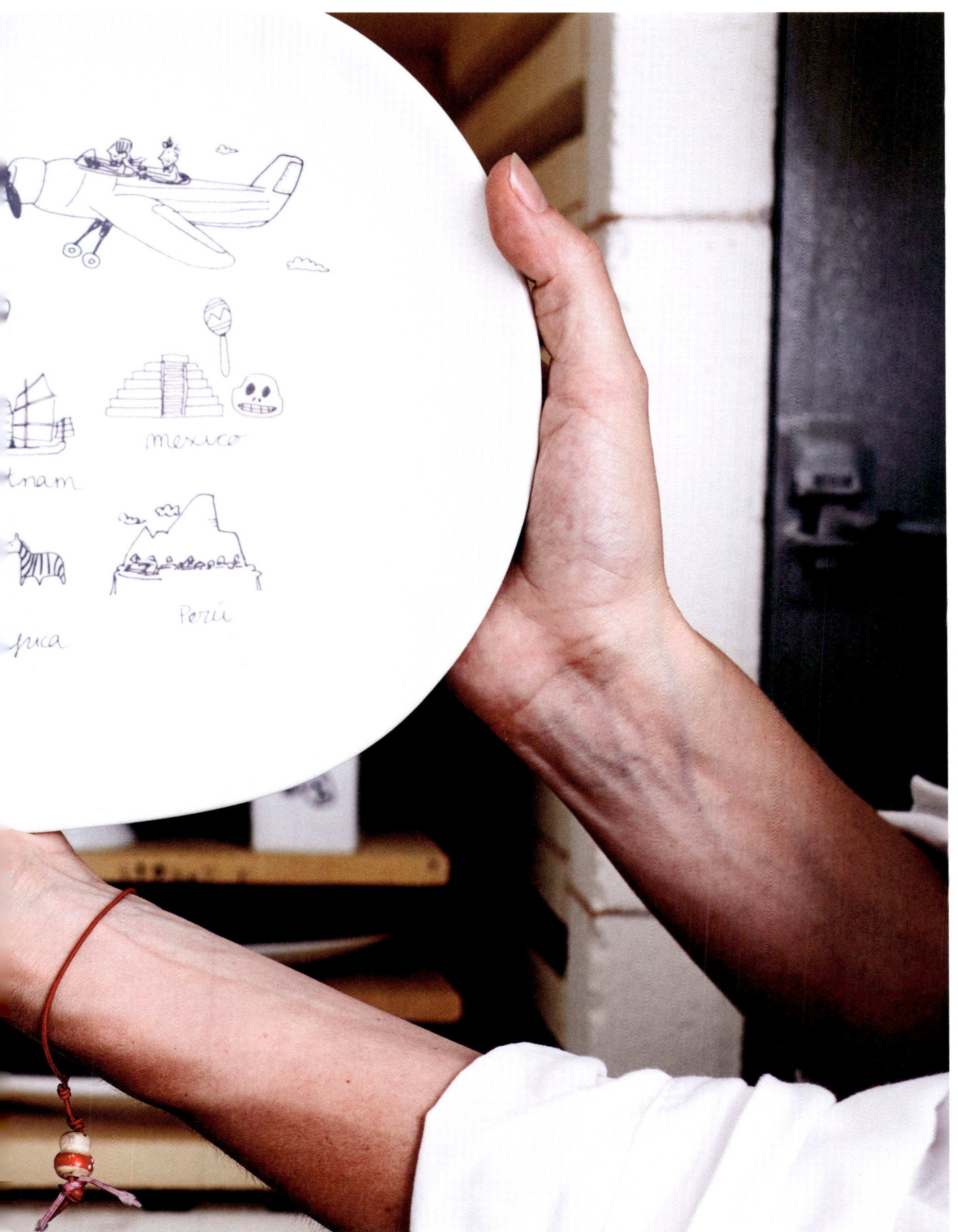
mexico
Perú

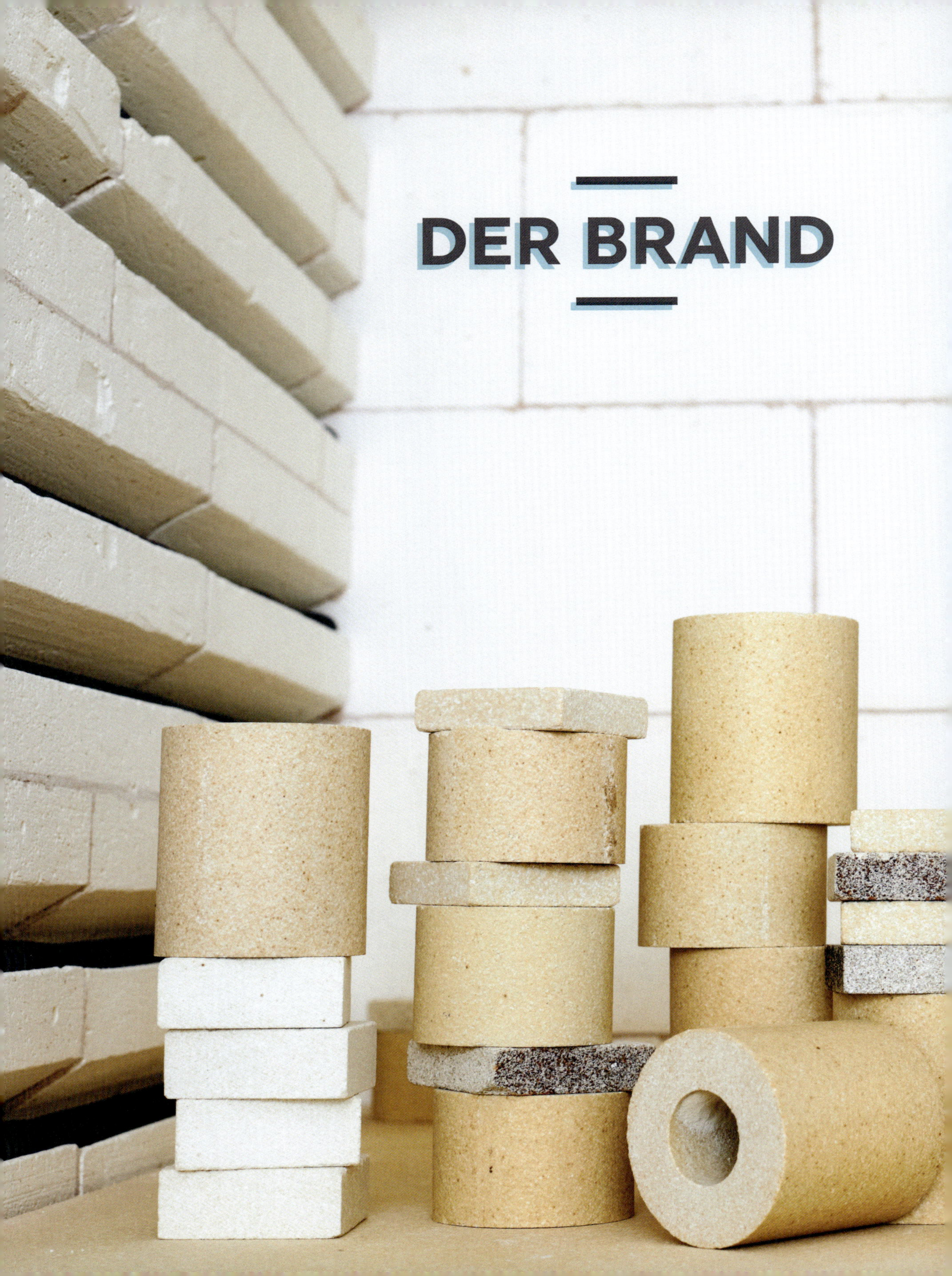

DER BRAND

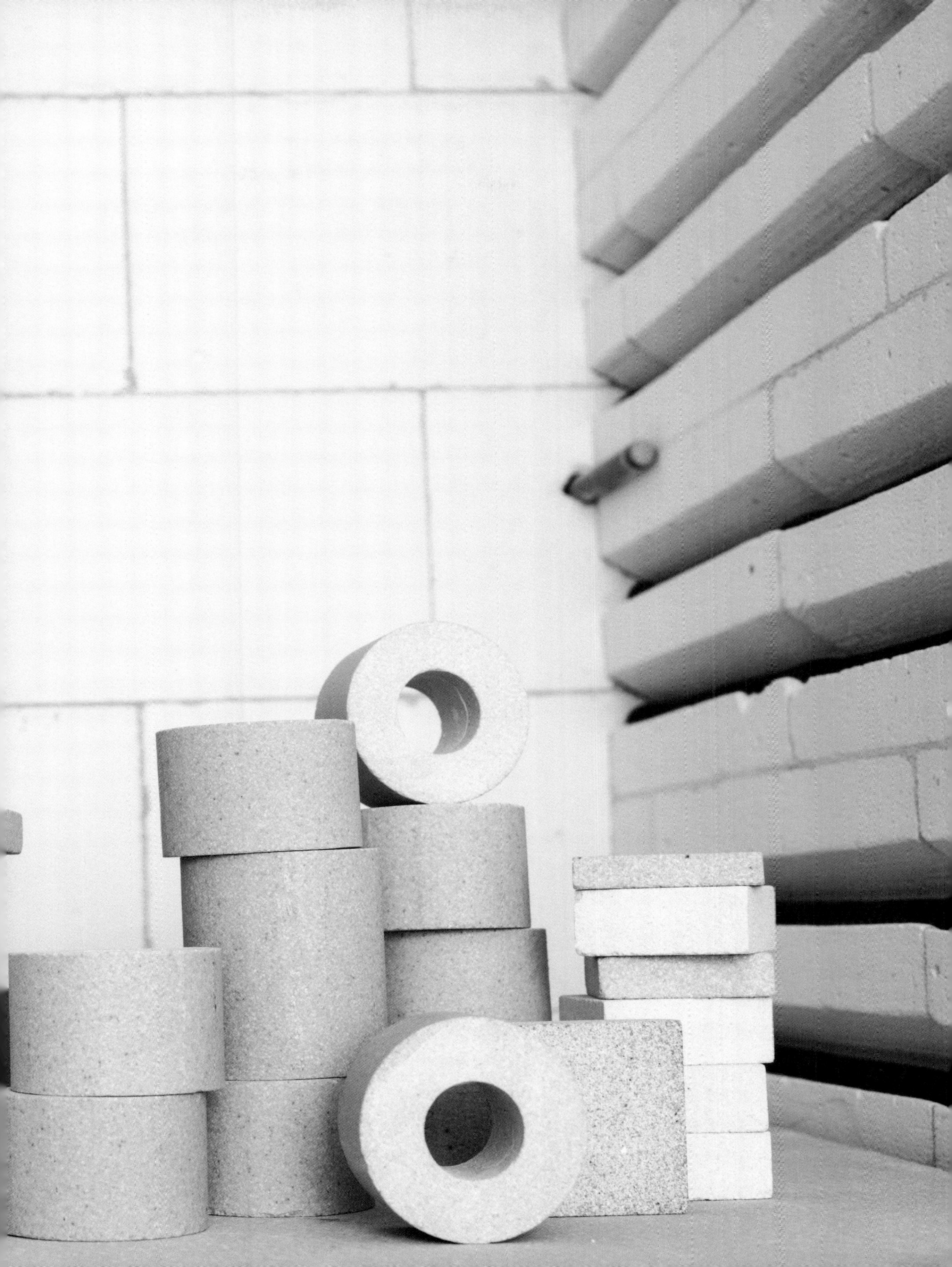

Der letzte, entscheidende Schritt

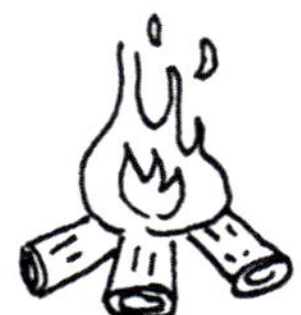

Herzlichen Glückwunsch! Alle Ihre Werkstücke sind mit Ihren ganz individuellen Abziehbildern versehen und warten nur noch darauf, gebrannt zu werden. Sicher fiebern Sie jetzt dem krönenden Abschluss Ihrer Mühe entgegen: Was Sie momentan vor sich haben, entspricht praktisch schon genau dem späteren Endergebnis. Bis vor einigen Jahren war Transferfilm nur in den Farben Gelb oder Blau erhältlich und die Beschichtung war sehr viel dicker. Das Material, das wir heute benutzen, ist vollkommen transparent. Das heißt, Sie können jetzt schon vor dem Brand Fotos von Ihren Stücken machen, falls Sie es nicht abwarten wollen, bis sie den Ofen wieder verlassen.

Tatsächlich könnten Sie das Keramikteil in diesem Rohzustand belassen. Falls es nur als Dekorationsobjekt vorgesehen ist, braucht es nicht unbedingt gebrannt zu werden. Sie müssen sich aber darüber im Klaren sein, dass schon der kleinste Kratzer Ihr Meisterwerk dann ruinieren könnte. Besser ist es allemal, einen Brennservice ausfindig zu machen und das Werk zu vollenden, damit es seinen eigentlichen Zweck erfüllen kann und sich der enorme Aufwand auch gelohnt hat.

Die Abziehbilder müssen bei hohen Temperaturen eingebrannt werden, damit die für die Motive verwendeten keramischen Farben sintern und mit der Glasur des Werkstücks verschmelzen. Ein normaler Küchenbackofen, selbst mit Pyrolyse-Funktion, kann die erforderlichen Temperaturen niemals erreichen.

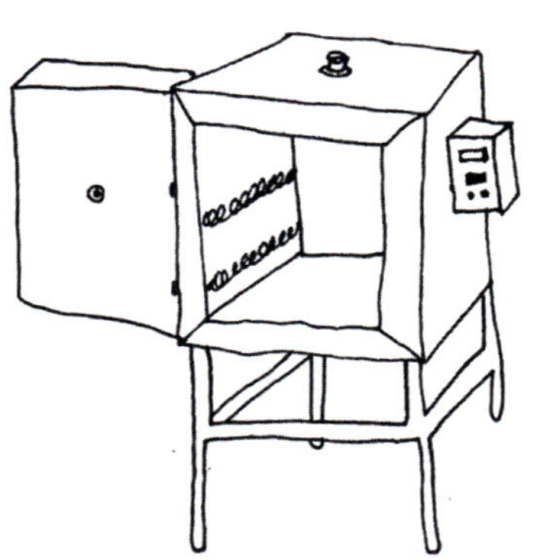

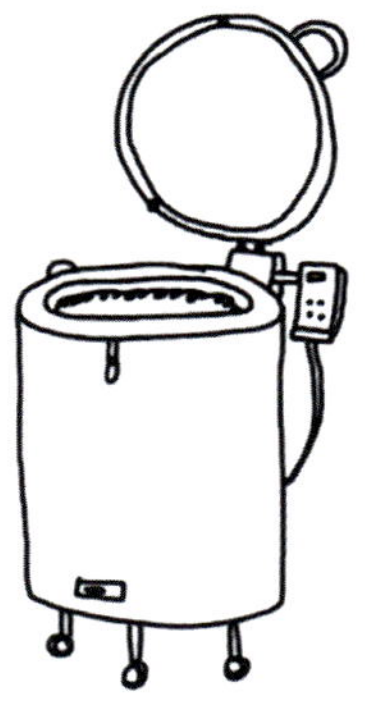

Funktion und Arten von Brennöfen

Ein Keramikbrennofen ist ein Metallkasten, dessen Wände mit feuerfesten Schamottesteinen verkleidet und mit elektrischen Heizelementen versehen sind. Er ist darauf ausgelegt, schnell sehr hohe Temperaturen zu erreichen und für eine vorgegebene Zeit zu halten. Das hört sich nach einer furchterregenden Killermaschine an, ist aber in Wirklichkeit völlig harmlos.

Grundlegend unterscheidet man meist zylindrische, optisch ansprechende Toplader-Modelle und Frontlader. Letztere sehen auf den ersten Blick einem Tresor ähnlich. Die Größen variieren von winzigen Modellen für Probebrände oder Schmuckkollektionen mit geringen Stückzahlen bis zu riesengroßen Fabrikaten für die industrielle Fertigung. In Industriebetrieben kann ein Brennofen dann schon einmal Zimmergröße haben. Größe und Form spielen im Grunde keine Rolle, weil alle Brennöfen nach demselben Prinzip funktionieren.

Hochtemperaturöfen erreichen Maximaltemperaturen von bis zu 1300 °C, Niedrigtemperaturöfen dagegen lediglich bis zu 1100 °C – was ja auch nicht gerade wenig ist. Beide Arten eigenen sich glücklicherweise gleichermaßen für das Aufbrennen von keramischen Abziehbildern.

Der Brennofen wird mit dem Brenngut «beschickt». Das heißt nichts weiter, als dass die Keramikteile hineingesetzt werden. Dabei ist allerdings einiges zu beachten. Der Innenraum eines Brennofens ist erst einmal leer, also nicht unterteilt. Im Handel sind aber Einbauplatten und Stapelstützen in verschiedenen Größen erhältlich, aus denen Etagen konstruiert werden können. Diese sind abgestimmt auf die Größe des jeweiligen Brennguts. Mit entsprechenden Brennplatten und unterschiedlichen Stützen lässt sich der Innenraum des Ofens optimal einrichten, sodass möglichst viele Stücke darin Platz finden. Dadurch wird der einzelne Brand deutlich rentabler. Gut ausgenütztes Volumen erspart Kosten, egal, ob Sie einen Brennofen mieten oder mit dem eigenen arbeiten. Wie schon beim Platzieren der Abziehbilder, zahlt es sich hier aus, wenn Sie geschickt im *Tetris*-Spielen sind.

Auch wenn in der Regel die Betreiber des Brennservice das Einräumen für Sie übernehmen, ist es doch gut zu wissen, wie die Sache abläuft. Grundsätzlich geht es darum, die einzelnen Werkstücke je nach Größe und Höhe so im Brennofen unterzubringen, dass jedes Eckchen ausgenutzt wird.

Die Teile dürfen sich aber weder berühren noch in Kontakt mit den Ofenwänden kommen. Im Idealfall beginnt man mit den großen, flachen Teilen und setzt zum Schluss höhere, voluminöse Gefäße hinein. Die Lücken werden mit kleinen Objekten gefüllt. Jeder neue Brand ist eine neue einzigartige Erfahrung, wundern Sie sich aber nicht, dass auch hier ganz feste Regeln der Logik gelten.

Sie sollten schon bei der Auswahl Ihrer Werkstücke die Maße des zur Verfügung stehenden Brennofens im Kopf haben. Sie dürfen sich also kein Objekt aussuchen, das höher oder breiter als der Innenraum des Brennofens ist und dann einfach nicht hineinpasst. Logisch, oder? Wenn Sie unbedingt das Optimum aus einem Brenngang herausholen möchten, erkundigen Sie sich vorab nach der genauen Größe des Ofens und Anzahl der Brennplatten. Exakte Berechnungen im Vorfeld sind allerdings gar nicht so einfach und ich kann Ihnen jetzt schon sagen, dass Sie sich bei den ersten Malen nach oben oder nach unten verkalkulieren werden. Machen Sie sich darüber aber jetzt keine Gedanken. Wenn Sie wollen, können Sie sich Notizen machen, damit Sie auch nicht einen Millimeter verschenken.

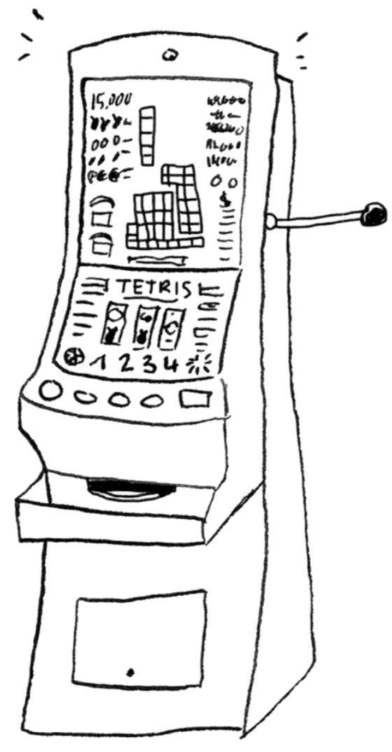

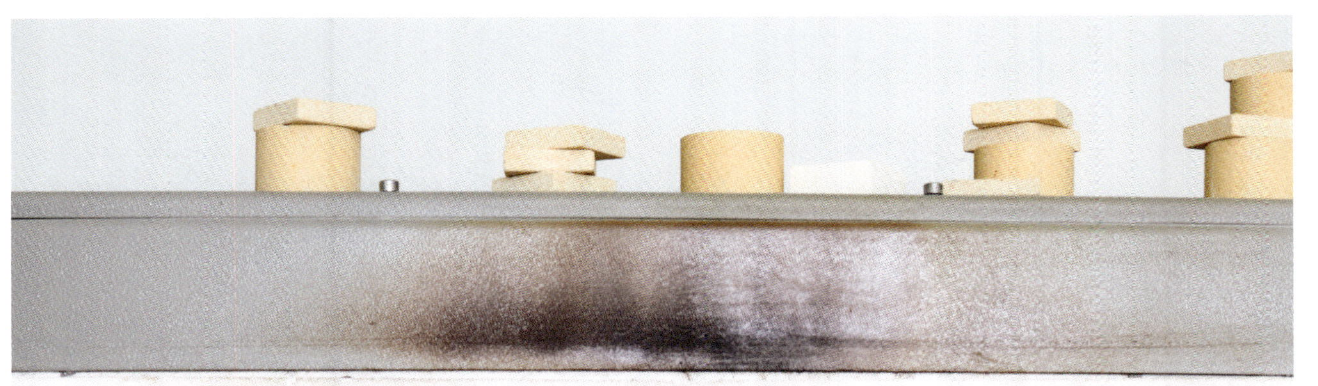
Ancla
marcelo
rocks
Madrid

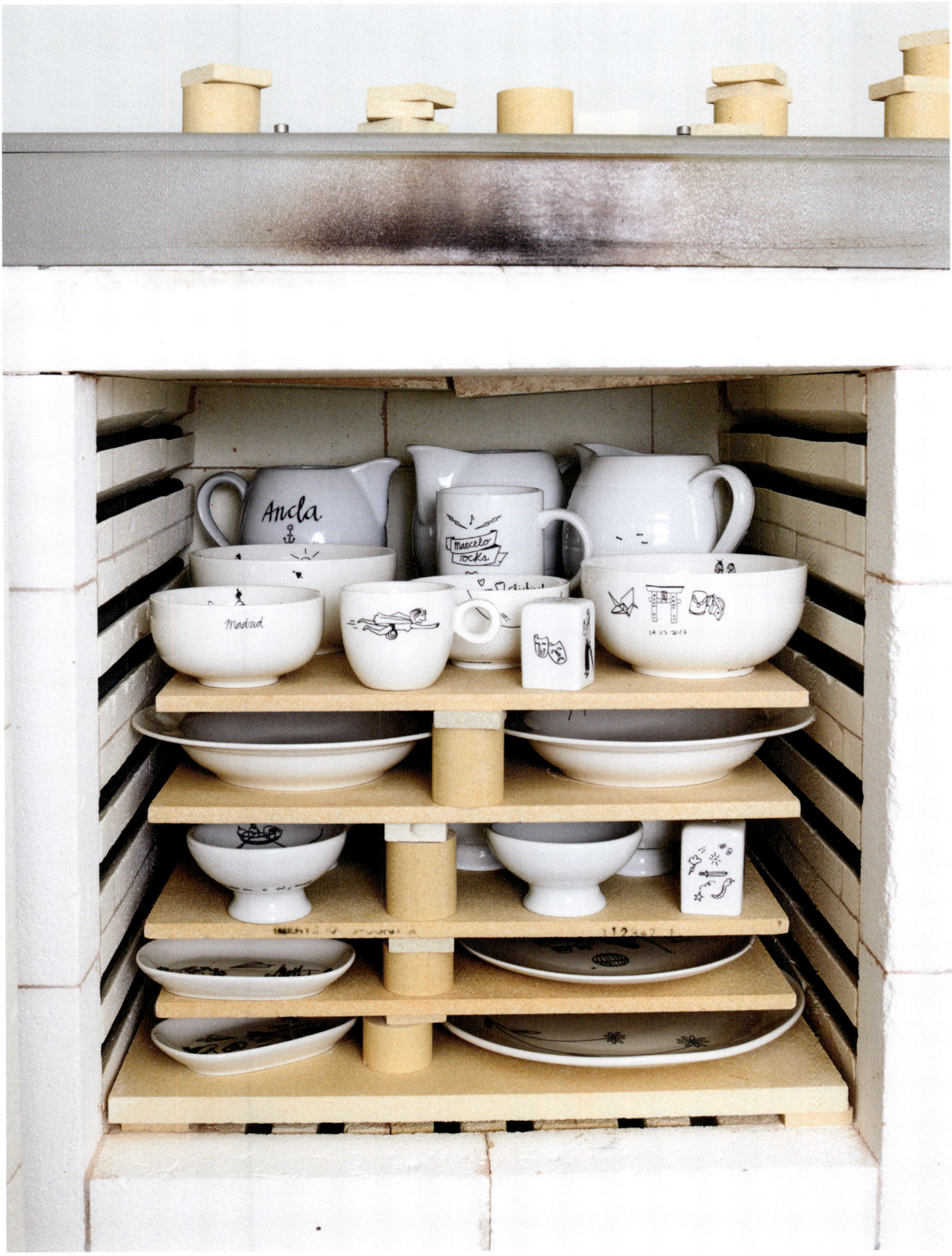

Einen Brennservice finden

Heutzutage ist es relativ leicht, Einrichtungen ausfindig zu machen, die Keramik brennen. Das Hobbytöpfern erfreut sich steigender Beliebtheit und die Welt der aufbrennbaren Abziehbilder ist vielerorts bekannt. Immer mehr Keramikwerkstätten übernehmen Brennaufträge, sodass es nicht mehr schwierig ist, etwas Passendes zu finden. Sie werden heute nicht mehr völlig entgeistert angeschaut, wenn Sie einen Ofen mieten möchten, um Ihre eigenen Stücke zu brennen. Wichtig ist in unserem Fall nur, dass der Ofen mit Strom und nicht mit Gas beheizt wird, sonst funktioniert das Ganze nicht.

Als Erstes müssen Sie nun einen Ofen in Ihrer Umgebung ausfindig machen und nachfragen, ob er elektrisch oder mit Gas betrieben wird. Google weiß bekanntlich fast alles und kann auch bei dieser Suche helfen. Haben Sie einen elektrischen Ofen aufgetan, sollten Sie erwähnen, dass Sie Werkstücke mit Aufbrandbildern beziehungsweise keramischen Abziehbildern brennen möchten. Erkundigen Sie sich nach dem Volumen und der ungefähren Kapazität des Ofenmodells. Sie bekommen dann vielleicht die Information, wie viele flache Teller von 25 cm Durchmesser hineinpassen. Besser: Schauen Sie sich die Sache direkt vor Ort in der Werkstatt an. Nur als Anhaltspunkt: Mein Ofen ist 45 × 45 × 45 cm groß und es passen 16 flache Teller von 25 cm Durchmesser hinein.

Fragen Sie auch danach, ob der Ofen komplett oder pro Etage vermietet wird. Dann können Sie sich einen Brand mit anderen Interessierten teilen. Falls der Ofen von mehreren Personen gleichzeitig genutzt wird, müssen natürlich alle dieselbe Brennkurve verwenden. Da das ganz schön verzwickt enden kann, wird üblicherweise der Ofen nur als Ganzes vermietet und Sie haben ihn für sich allein. Da die Suche nach einem Brennservice recht langwierig sein kann, will ich Ihnen ein paar hoffentlich hilfreiche Tipps geben:

— Fragen Sie bei Werkstätten und Einrichtungen in der Nähe nach, die Keramikkurse anbieten. Meist haben diese selbst einen Ofen oder können Ihnen zumindest bei der Suche weiterhelfen.

— Machen Sie sich auf die Suche nach Keramiker:innen und Designer:innen in der Umgebung, die ihre eigenen Produkte vermarkten. Ein Streifzug durch Kunsthandwerks- und Designerläden lohnt sich immer. Sicher erhalten Sie ein paar Namen und Adressen.

— Instagram ist ebenfalls eine wahre Fundgrube für Informationen. Suchen Sie nach den entsprechenden Hashtags und stellen Sie dort Ihre Fragen.

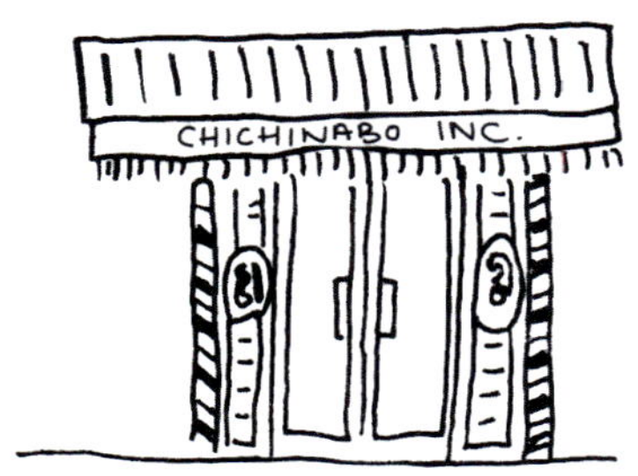

Die Brennkurve

Mit diesem Begriff müssen Sie sich eingehend beschäftigen. Es handelt sich dabei um die Befehle zum Programmieren des gesamten Brennvorgangs: die Zeiträume, in denen der Ofen aufgeheizt wird, das Tempo und die genauen Temperaturschritte, mit denen der Brand hochgefahren wird, wie lange die erreichte *Endtemperatur* beibehalten wird (letzteres wird als *Haltezeit* bezeichnet) und so weiter. Alle erforderlichen Informationen erhalten Sie vom Anbieter Ihrer keramischen Abziehbilder.

Wenn es schon heißt, es gebe keine exakte Wissenschaft, dann erkennen Sie nun, dass beim Brennen von Keramik rein gar nichts exakt und vorhersehbar ist. Hier läuft alles nach dem «trial and error»-Prinzip. Mit genau dieser Herangehensweise werden Sie irgendwann zu Ihrer eigenen Brennkurve und geeigneten Endtemperatur finden, denn alles, was Ihnen der Anbieter zur Verfügung stellt, ist eine Bandbreite von Temperaturangaben.

Kein Brennofen funktioniert exakt wie der andere, nicht immer wird er mit derselben Menge von Objekten bestückt, jeder Anbieter hat seine ganz speziellen Produkte, jedes Werkstück hat seine individuelle Glasur, sodass Sie Ihre Materialen nach und nach kennenlernen müssen, um herauszufinden, wie sie aufeinander reagieren. Und selbst dann kann es immer wieder unerwartete Veränderungen geben.

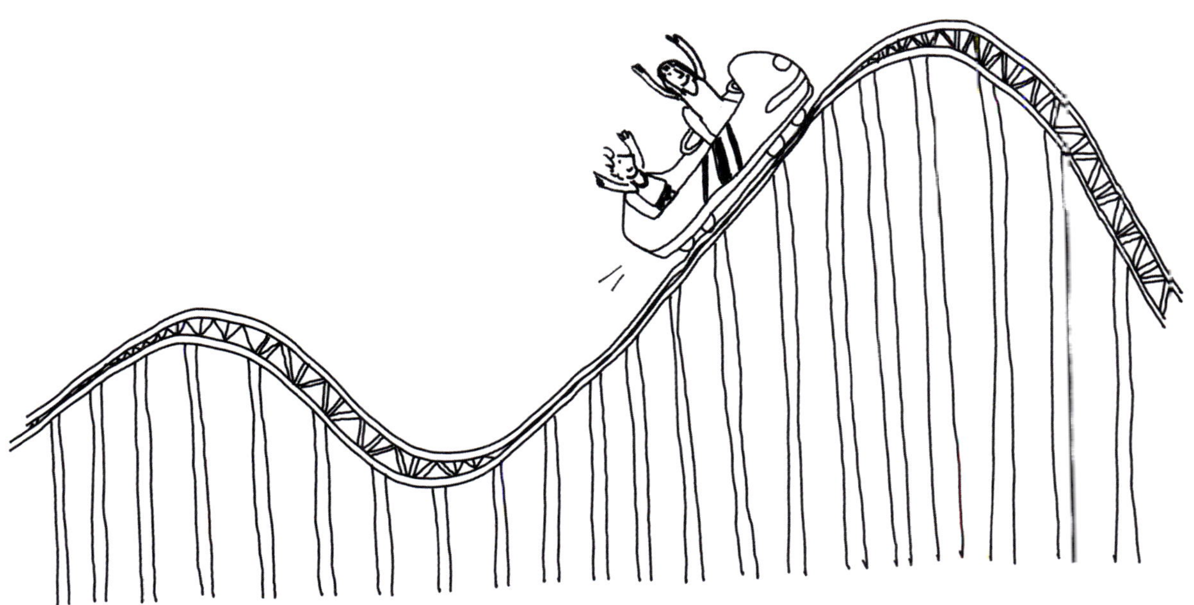

Alles wird gut, manchmal allerdings ...

Nur keine Angst, normalerweise läuft alles schon beim ersten Mal gut, oder wenigstens so, dass Sie mit Ihrem Werk einigermaßen zufrieden sind. Trotz allem möchte ich hier auf ein paar mögliche Fallstricke hinweisen und Ihnen zeigen, wie sie vermieden werden:

— Es kann passieren, dass die Farben nicht so intensiv und glänzend herauskommen, wie Sie es sich vorgestellt hatten. Für diesen Fall haben wir ja schon unser Mantra: «Für alles offenbleiben.» Vielleicht hilft es, wenn Sie beim nächsten Brennen die Temperatur etwas niedriger halten.

— Es kann vorkommen, dass der Transferfilm noch ein wenig zu sehen ist. Versuchen Sie es mit einer etwas höheren Temperatur beim nächsten Brand.

— Es ist möglich, dass Ihr Vintage-Teller nach dem Brennen merkwürdige Flecken aufweist. Das ist unvorhersehbar. Vorsichtshalber sollten Sie bei Antiquitäten Abziehbilder verwenden, die bei niedrigeren Temperaturen eingebrannt werden. Das Gleiche gilt, wenn der Teller einen Goldrand hat. Nur im niedrigsten Brennbereich lässt sich vermeiden, dass dieser verbrennt und seinen Glanz verliert.

— Gelegentlich bricht auch beim Brennen ein Teller in der Mitte entzwei, das ist dann einfach Pech. Sie erinnern sich an die Geschichte mit dem Haarriss und dem Dating-Portal? Jetzt ist es Ihnen also passiert. Falls Ihnen das Ergebnis mit diesen Motiven trotz des Malheurs gefällt, wiederholen Sie das Experiment einfach mit derselben Brennkurve, aber mit einem anderen Teller.

— Wenn Sie beim Applizieren des Bildes überschüssige Flüssigkeit und Luftbläschen nicht sorgfältig genug entfernt haben, dann weist Ihr Motiv jetzt sicher jede Menge winzige Farblücken auf. Daran ist nichts mehr zu ändern. Sie sollten einfach nicht jedes Mal darauf hinweisen, wenn Sie Ihr Werk jemandem zeigen. Meistens fällt es niemanden außer Ihnen selbst auf.

Nachdem ich Ihnen das alles erzählt und Sie damit für einen Augenblick in Furcht und Schrecken versetzt habe, möchte ich noch einmal wiederholen, was ich weiter oben bereits gesagt habe: Nur keine Angst, normalerweise läuft alles schon beim ersten Mal gut.

Fast geschafft!

Je nach Größe des Brennofens sind Ihre Werkstücke nach ein oder zwei Tagen fertig. Je größer das Fassungsvermögen des Ofens ist, desto länger braucht er zum Abkühlen und desto länger müssen Sie sich gedulden, bis Sie die fertige Ware entnehmen können. Beim Brennen von Keramik ist das langsame Abkühlen besonders wichtig. Würde die Tür geöffnet, solange das Brenngut noch sehr heiß ist, könnte es durch den thermischen Schock Schaden nehmen. Das passiert häufiger bei filigraneren kunsthandwerklichen Stücken.

Ich erinnere mich noch genau daran, dass ich bei meiner ersten Kollektion zwei Nächte lang kein Auge zugetan habe, weil ich mir vorgestellt habe, dass der Ofen explodieren könnte – mit all meinen wunderbaren Stücken darin. Als ich sie dann abgeholt habe, waren sie wie eigentlich zu erwarten perfekt und ich war vor Freude ganz aus dem Häuschen. Und genau so wird das auch bei Ihnen sein.

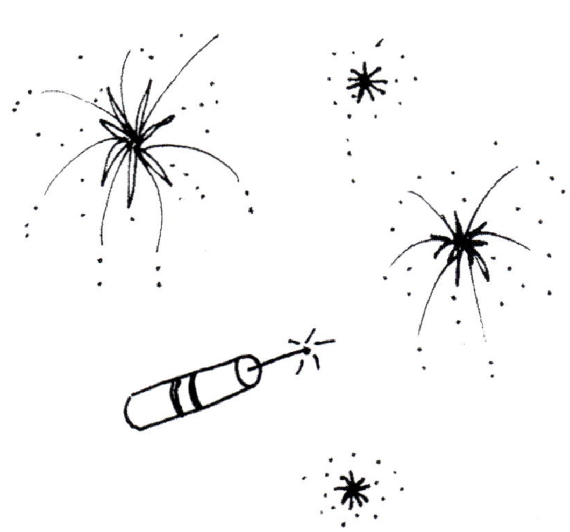

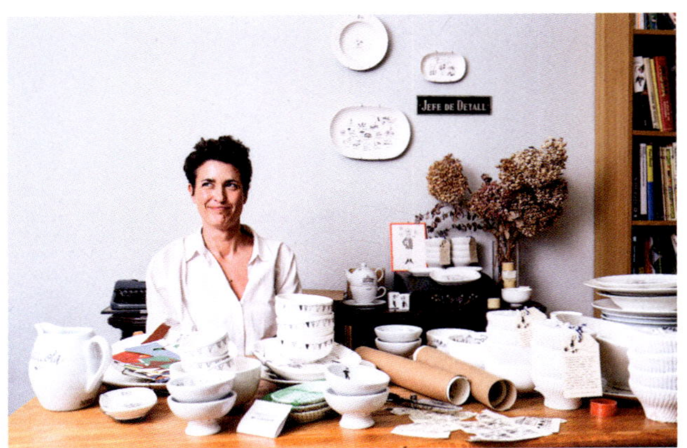
JEFE DE DETALL
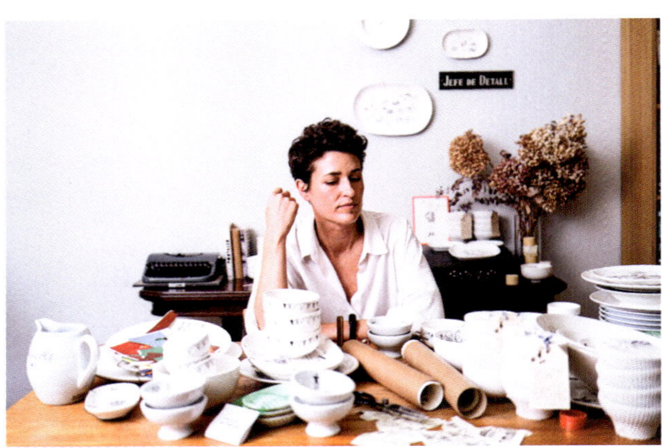
JEFE DE DETALL
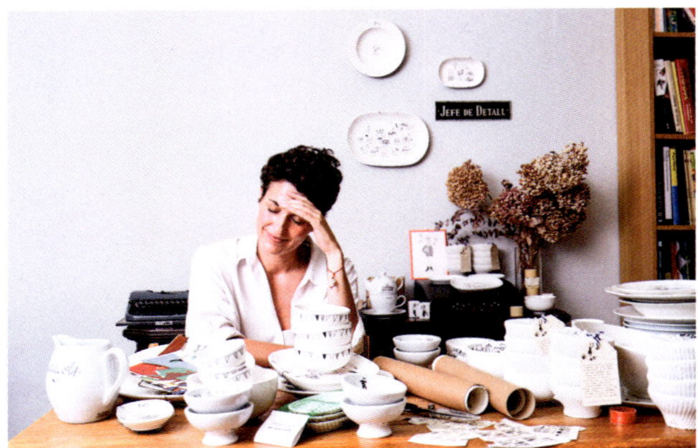
JEFE DE DETALL
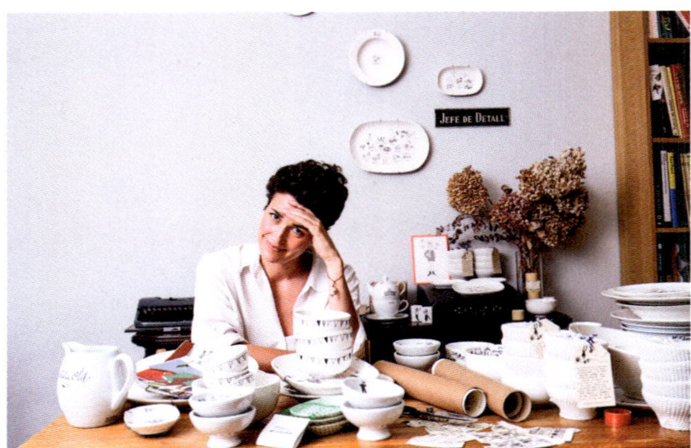
JEFE DE DETALL
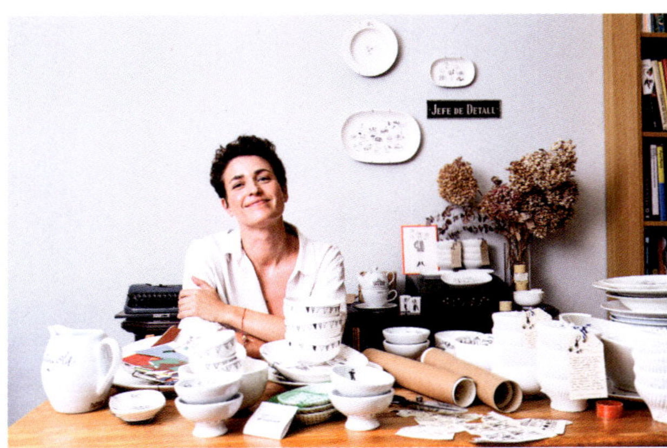
JEFE DE DETALL
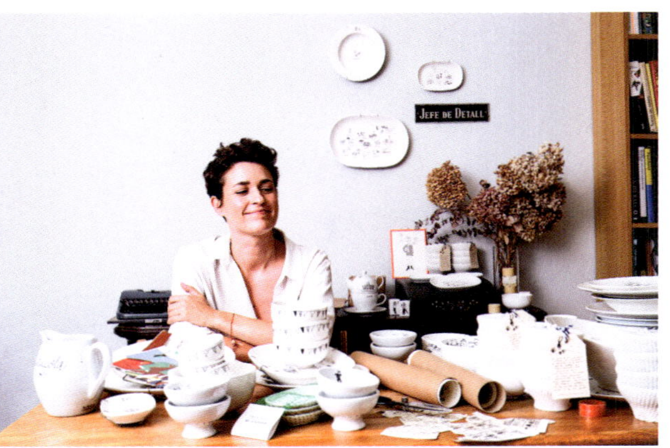
JEFE DE DETALL
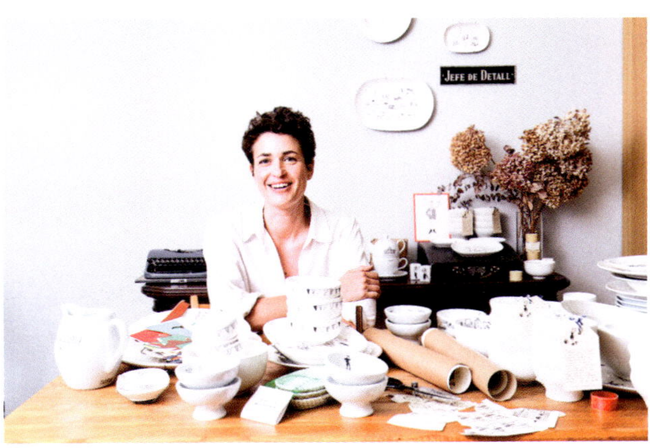
JEFE DE DETALL
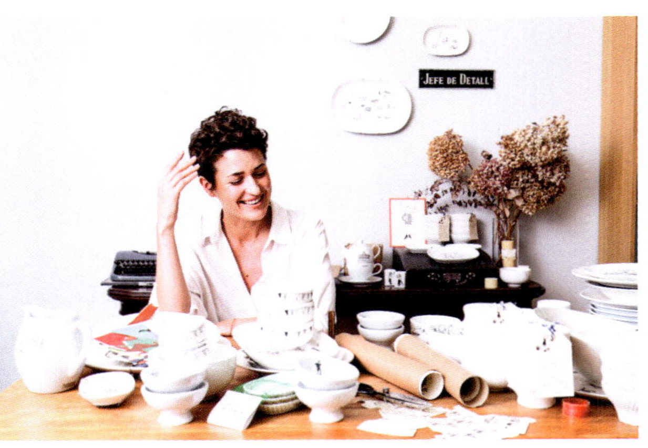
JEFE DE DETALL

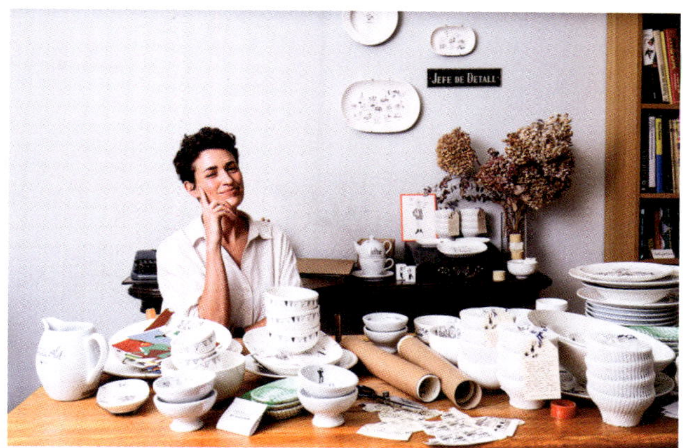
JEFE DE DETALL

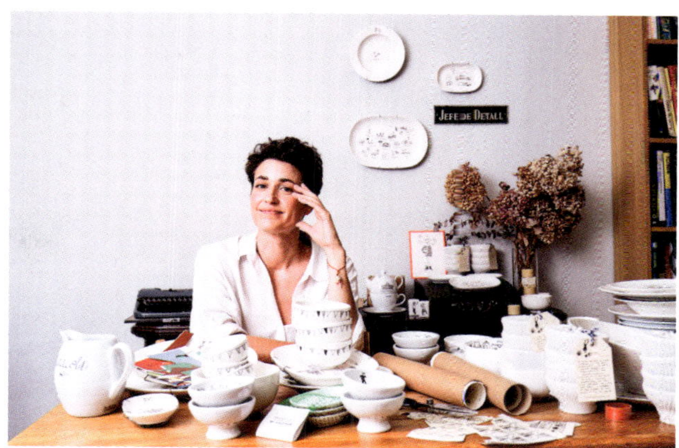
JEFE DE DETALL

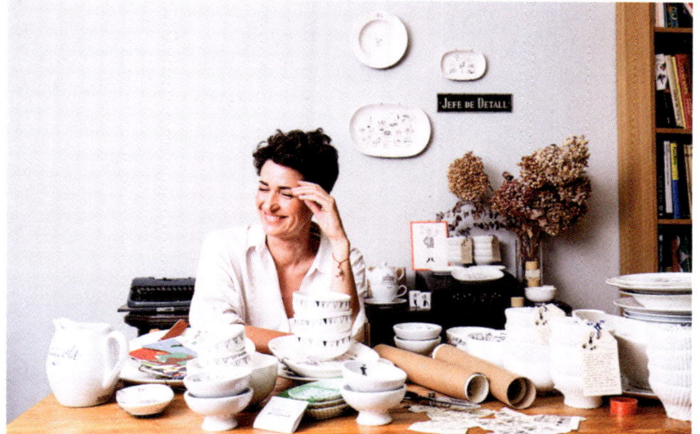
JEFE DE DETALL

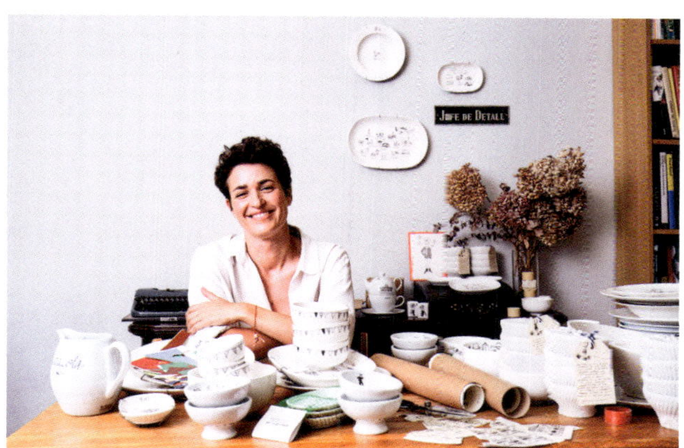
JEFE DE DETALL

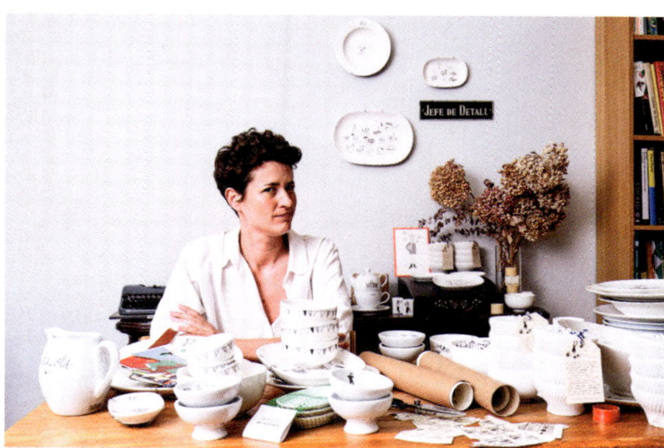
JEFE DE DETALL

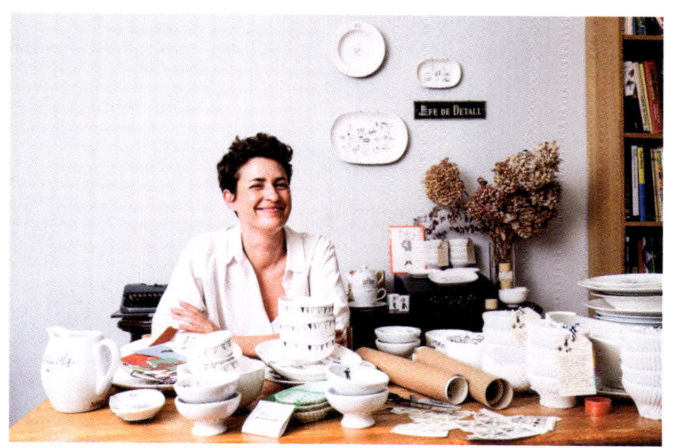
JEFE DE DETALL

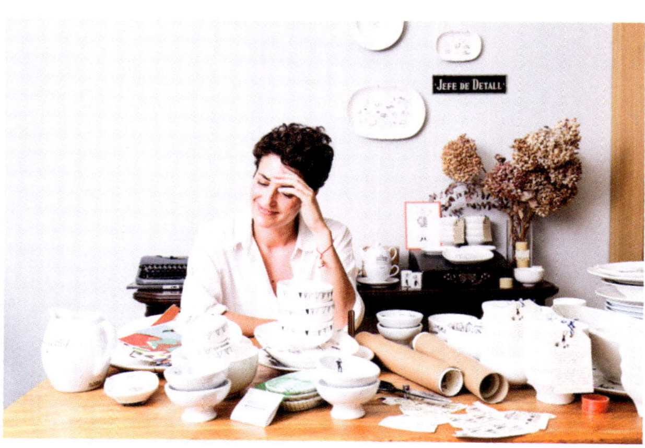
JEFE DE DETALL

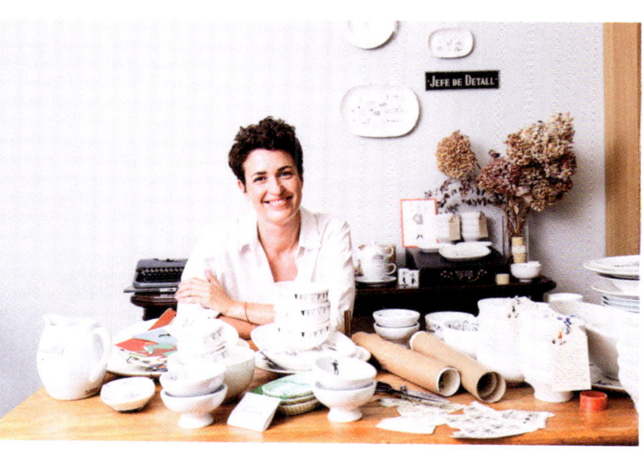
JEFE DE DETALL

FAQs – HÄUFIG GESTELLTE FRAGEN

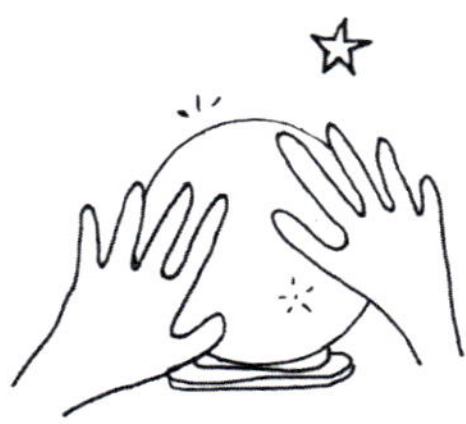

Ich beschäftige mich schon viele Jahre mit diesen Dingen und weiß deshalb, dass auch Sie sich irgendwann im Laufe Ihrer Arbeit unweigerlich die folgenden Fragen stellen werden:

Woher bekomme ich das benötigte Material und die Werkzeuge?

Auf der Webseite www.haupt.ch/keramik-illustrieren-und-dekorieren finden Sie eine Auswahl von Anbietern.

Ist es schwierig?

In meinem Buch spreche ich zwar relativ häufig von den kleinen Dramen, die sich abspielen können, aber nicht etwa, weil alles so kompliziert wäre, sondern um Ihnen zu helfen und darauf hinzuweisen, worauf Sie besonders achten sollten. Auf jeden Fall empfehle ich Ihnen, einen Schritt nach dem anderen zu tun, damit Sie den Weg in aller Ruhe genießen können. Sie werden selbst feststellen, wo Sie an (Ihre) Grenzen stoßen, und sich neue Herausforderungen suchen.

Kann ich die dekorierten Geschirrteile zum Essen und Trinken benutzen?

Ja, natürlich! Einbrennbare Abziehbilder für Keramik sind so konzipiert, dass man das damit dekorierte Geschirr nach dem Einbrennen bedenkenlos zum Essen und Trinken benutzen kann. Fragen Sie dennoch sicherheitshalber bei Ihrem Anbieter nach.

Kann ich Geschirr mit keramischen Abziehbildern in der Geschirrspülmaschine reinigen?

Ein Geschirrspüler kann sehr aggressiv sein, nicht nur für selbstgestaltetes Geschirr, sondern für alle Teile mit Aufglasurdekoren. Natürlich hängt es auch vom benutzten Spülmittel sowie der Häufigkeit und Temperatur der Waschgänge ab. Mein Schwager zum Beispiel verwendet für sämtliches Geschirr immer das Programm mit der höchsten Temperatur. Es ist also alles relativ. Aber auch dann ist die Antwort ein klares: *Yes, we can*. Allerdings empfehle ich Ihnen trotzdem, die selbstgestalteten Stücke per Hand mit einem weichen Küchenschwämmchen zu spülen, wenn sie möglichst lange so schön bleiben sollen wie am ersten Tag.

Kann ich meine selbstgestaltete Keramik in der Mikrowelle verwenden?

Das hängt ganz davon ab, welche Sorte von Werkstücken Sie sich ausgesucht haben. Bei den Teilen, mit denen ich in meinem Atelier arbeite, gibt es keine Probleme. Die Dekore mit keramischen Abziehbildern sind jedenfalls kein Hinderungsgrund. Fragen Sie dort nach, wo Sie die Motive gekauft haben. Sollten Ihre Geschirrteile allerdings zusätzlich einen Goldrand haben, dürfen sie auf keinen Fall in die Mikrowelle!

Was mache ich, wenn mir ein Abziehbild reißt?

In diesem Fall ist Präzisionsarbeit angesagt. Applizieren Sie zuerst die eine und dann die zweite Hälfte auf das Werkstück und schieben Sie die Teile so dicht zusammen, dass der Riss möglichst nicht zu sehen ist. Anschließend entfernen Sie sehr sorgfältig alle Luft- und Wasserbläschen. Lassen Sie das Stück gut trocknen, bevor Sie es in den Ofen setzen, und drücken Sie kräftig die Daumen. Falls die Nahtstelle doch sehr auffällt, bleibt Ihnen nichts anderes übrig, als das Ganze zu wiederholen. Haben Sie mit aus Abziehfolien ausgeschnittenen Ornamenten gearbeitet, fangen Sie lieber gleich von vorn an.

Was tue ich, wenn ich ein Motiv umplatzieren möchte, es aber schon getrocknet ist?

Dann müssen Sie das gesamte Bild gründlich anfeuchten und ein wenig Geduld haben. Sie dürfen nicht zu schnell aufgeben! Nach einer Weile wird sich das Abziehbild an einer Ecke ablösen, dann können Sie vorsichtig ein bisschen nachhelfen. Das Wasser spielt die entscheidende Rolle dabei.

Was passiert, wenn ich das Abziehbild verkehrt herum appliziere?

Das Abziehbild hat eine Ober- und eine Unterseite: So wie Sie es sehen (und wie Sie es ja entworfen haben), müssen Sie es auch auf die Glasurfläche auflegen. Es kann natürlich trotzdem vorkommen, dass man aus Versehen die falsche Seite erwischt. Mir ist das nur einmal passiert, und zwar bei einem Becher mit Initialen. Erst als ich ihn aus dem Ofen holte, fiel mir auf, dass sie spiegelverkehrt waren. Ansonsten war alles perfekt gelungen. Andere, mit denen ich mir den Brennofen geteilt hatte, hatten nicht so viel Glück. Die Moral von der Geschichte: Achten Sie von vornherein sorgfältig darauf, dass Sie die Abziehbilder richtig applizieren. Lösen Sie das Motiv nochmals ab und korrigieren Sie den Irrtum, wenn Sie ihn rechtzeitig bemerken. Nach dem Brand kann man daran leider nichts mehr ändern.

Und wenn ein Haar oder eine Fussel unter das Abziehbild geraten ist?

Das ist nicht so schlimm, da feine organische Verunreinigungen im Ofen verbrennen. Wenn Sie jedoch nach dem Applizieren eine große Fussel entdecken und problemlos entfernen können, dann sollten Sie das tun. Man weiß ja nie ganz genau, was beim Brennen herauskommt.

Was passiert, wenn ich das Abziehbild nicht gut appliziert habe?

Sollten Sie Wasser und Luftbläschen unter dem Abziehbild nicht penibel genug entfernt haben, können sich beim Brennen die gefürchteten Blasen bilden, die leider beim Platzen deutliche Spuren hinterlassen. Es ist sehr wichtig, dass Sie unter dem Abziehbild verbliebene Luftbläschen und Wasserreste von der Mitte zu den Seiten hin sorgfältig ausstreichen und dann überprüfen, ob Ihnen dabei nicht doch noch ein größerer Einschluss entgangen ist. Bitte achten Sie auch unbedingt darauf, dass das Abziehbild an allen Rändern rundum gut auf dem Untergrund haftet. Vor allem bei konvexen oder konkaven Objektformen kann das kritisch werden. Bei Motiven mit großen Farbflächen ist am meisten Vorsicht geboten, Linienzeichnungen dagegen sind nicht so problematisch, weil eventuell vorhandene Bläschen in transparenten Bereichen praktisch nicht auffallen.

Was kann ich tun, wenn ich Bläschen entdecke?

Solange das Werkstück noch nicht gebrannt ist, richten Bläschen keinen Schaden an. Versuchen Sie mit Küchenpapier oder einem Spachtel, sie nach außen oder in einen transparenten Bereich des Abziehbilds zu verschieben. Manchmal verschwinden kleine Wasser- oder Luftblasen auch schon, wenn man mit Küchenpapier fest darauf tupft. Wenn das alles nicht hilft, sollten Sie das Abziehbild vorsichtig ablösen und erneut applizieren. Aber bitte machen Sie sich nicht verrückt, manchmal handelt es sich auch nur um kleine Unregelmäßigkeiten in der Keramikoberfläche oder Minibläschen, die praktisch irrelevant sind.

Beim Applizieren habe ich keine Bläschen gesehen, warum sind sie nach dem Brennen plötzlich da?

Keine Ahnung, aber so ist das Leben. Auch nach jahrelanger Erfahrung haben wir auf diese Frage noch keine befriedigende Antwort gefunden. Wir sind zu dem Schluss gekommen, dass es an der Machart des jeweiligen Abziehbildes liegen könnte, oder auch an bestimmten Fabrikaten von Druckfarben, die nicht richtig ausschmelzen. Am besten ändern Sie dann für alle Fälle das Design oder die Farbauswahl, damit so etwas nicht noch einmal passiert.

Was ist, wenn ich später noch ein Motiv auf schon gebrannten Objekten hinzufügen möchte?

Sie können Ihr Werkstück so oft brennen, wie Sie wollen, um weitere Motive zu ergänzen. Das wird allerdings kostspielig und kommt in der Praxis nicht oft vor. Sie sollten besser die gesamte Gestaltung mit einem Brenngang erledigen und vorher überprüfen, dass alle verwendeten Abziehbilder bei derselben Temperatur gebrannt werden können. Ist das nicht der Fall, beginnen Sie mit denen, die die höchste Temperatur benötigen.

Kann ich Abziehbilder mit anderen keramischen Dekorationstechniken kombinieren?

Das ist möglich – solange die verwendeten Substanzen im selben Temperaturbereich gebrannt werden (und Sie einen Brenngang einsparen wollen). Falls Sie Methoden einsetzen, die unterschiedliche Brenntemperaturen erfordern: Applizieren Sie zuerst die Dekore für den ersten Brand bei höherer Temperatur. Anschließend ergänzen Sie die Motive mit niedrigerer Brenntemperatur für den zweiten Brand. Wollten Sie andersherum verfahren, würden die empfindlicheren Dekore verbrennen.

Was passiert, wenn ich unterschiedliche Arten von keramischen Abziehbildern verwenden möchte?

Wie gehabt: Das ist möglich, solange alle im selben Temperaturbereich gebrannt werden können.

Wie kann ich meinen dekorierten Teller an die Wand hängen?

Manche Wandteller haben bereits produktionsmäßig kleine Löcher oder Vertiefungen auf der Rückseite. Das ist allerdings nicht der Normalfall. Jedes Haushaltswarengeschäft führt aber Tellerwandhalter und -aufhänger. Gebräuchlich sind zwei Doppelhaken mit einem Aufhänger, die sich an den Tellerrand krallen und auf der Tellerrückseite durch zwei Spiralfedern verbunden sind. Der Vorteil dieser Aufhängung ist, dass Sie sie jederzeit wieder abnehmen und für ein anderes Stück benutzen können, solange der Tellerdurchmesser ähnlich ist. Es gibt auch Klebepads mit Ösen und selbstklebende Plastikhaken, aber hier ist Vorsicht geboten. Wenn die Klebefläche nicht hält, besteht Lebensgefahr für Ihr Kunstwerk.

Was geschieht, wenn ich das Werkstück nicht brenne?

Dann ist es nicht für Lebensmittel geeignet und Sie können weder davon essen noch daraus trinken. Außerdem ist die Lebensdauer der Verzierung deutlich kürzer, weil jeder kleine Kratzer das Abziehbild verletzt, und das Stück ist schwierig zu reinigen, weil es nicht nass werden darf.

Wo kann ich mir passende Keramikteile besorgen?

Jedes beliebige glasierte Keramikobjekt ist für Ihre Zwecke geeignet. Schauen Sie sich dort um, wo Sie auch Geschirr für Ihren Haushalt kaufen. Es gibt auch Geschäfte, die Dekoteile zu sehr unterschiedlichen Preisen anbieten. Auch auf Flohmärkten und womöglich dem eigenen Dachboden finden Sie sicher etwas Passendes. Wenn Sie größere Mengen benötigen, schauen Sie sich nach Händlern für Hotelleriebedarf um.

Welche Art von Abziehbildern benutzen Sie in Ihrem Atelier?

Obwohl ich im Allgemeinen nur mit einer Farbe arbeite und sich das Siebdruckverfahren anbieten würde, sind die meisten meiner Kreationen Einzelstücke. Deshalb finde ich digital gestaltete keramische Abziehbilder am vielseitigsten. Da ich nur mit Schwarz arbeite, spielen andere Farben für mich keine Rolle, also verwende ich Produkte auf Magentabasis, weil sie äußerst robust sind.

Woher weiß ich, bei welcher Temperatur ich meine Stücke brennen muss?

Bitten Sie den Anbieter Ihrer Abziehbilder um Angaben zur Brennkurve. Anschließend erkundigen Sie sich bei den Leuten von Ihrem Brennservice, was diese Ihnen erfahrungsgemäß raten. Danach treffen Sie eine Entscheidung, bei der Sie sich auf Ihren Instinkt verlassen.

Welche Art von keramischen Abziehbildern ist am besten?

Das hängt ganz vom Stil Ihres Designs ab, außerdem von Ihren persönlichen Vorlieben, dem Verwendungszweck der Objekte und von etwa tausend anderen Faktoren. Am besten vergessen Sie den Siebdruck für den Anfang – es sei denn, Sie sind mit dieser Technik bereits vertraut oder möchten eine mittlere bis große Kollektion produzieren, für die Sie nur wenige Farben benötigen. In diesem Fall müssen Sie sich auf die Suche nach einem Siebdruckbetrieb machen, der auch Keramikteile bedruckt, und die Produktion in Auftrag geben. Aus einfarbigen Abziehfolien ausgeschnittene Ornamente sind das Richtige, wenn Sie ein Faible für Komposition und Scherenschnitte haben, also mehr mit der Hand arbeiten möchten. Sie ersparen sich dann zwar den ganzen Umstand mit Digitalisieren und Bestellen von individuellen Abziehbildern, allerdings können Sie auch weder Serien herstellen noch Linienzeichnungen verwirklichen. Die digitalen Abziehbilder sind am vielseitigsten, weil sie jede Art von Design ermöglichen. Alles, was Sie zeichnen können, lässt sich auch digitalisieren. Dazu sollten Sie sich allerdings mit Bildbearbeitungsprogrammen wie *Photoshop* auskennen oder zumindest über Basiskenntnisse verfügen. Der Reiz dieser Technik besteht im Entwerfen und Entwickeln der Motive, nicht so sehr im Applizieren, wie es bei den anderen Verfahren der Fall ist.

Warum werden die Farben meiner Dekore nicht so glänzend, wie ich es gerne hätte?

Die Beschaffenheit der aufgebrannten Motive ist durch die Glasur des Werkstücks vorgegeben. Weichere Glasuren verbinden sich beim Brennen besser mit keramischen Abziehbildern. Bei härteren Glasuren ist das Ergebnis rauer und matter. Wie die Versuche sich im Einzelnen entwickeln, weiß man leider nicht im Voraus. Also bitte nicht unbedingt gleich einen Großeinkauf machen. Mit Abziehbildern, die mehr Flussmittel enthalten, ist dieser erwünschte Extraglanz zu erzielen. Dafür wirken sie aber eher wie Sticker. Dieser negative Effekt lässt sich abschwächen, indem man dafür sorgt, dass die Umrisskanten des Abziehbilds genau mit dem Rand des Werkstücks abschließen. Eine Tüftelarbeit, aber man kann eben nicht alles haben!

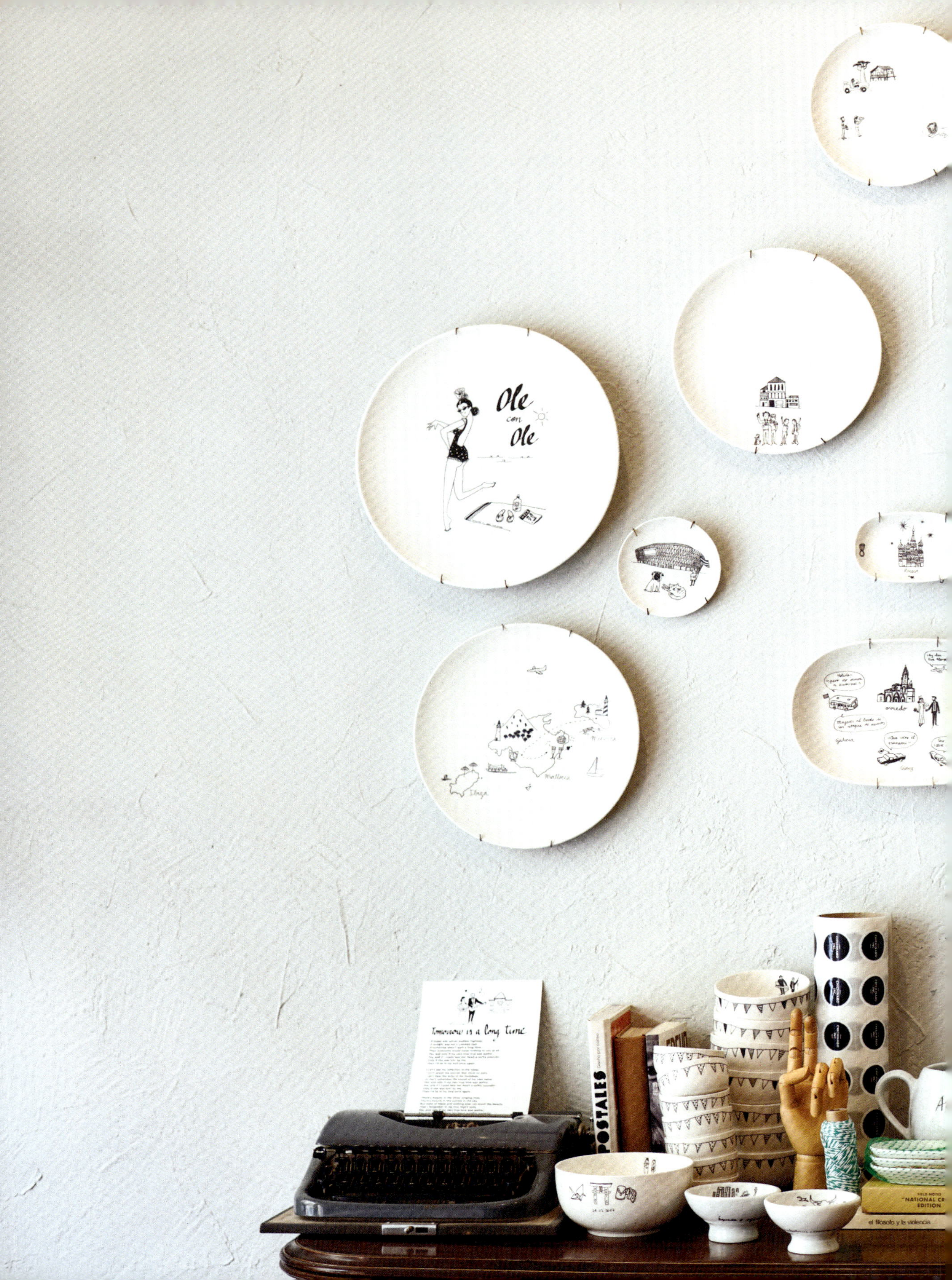

Ole
con
Ole
Tomorrow is a long time
POSTALES
el filósofo y la violencia

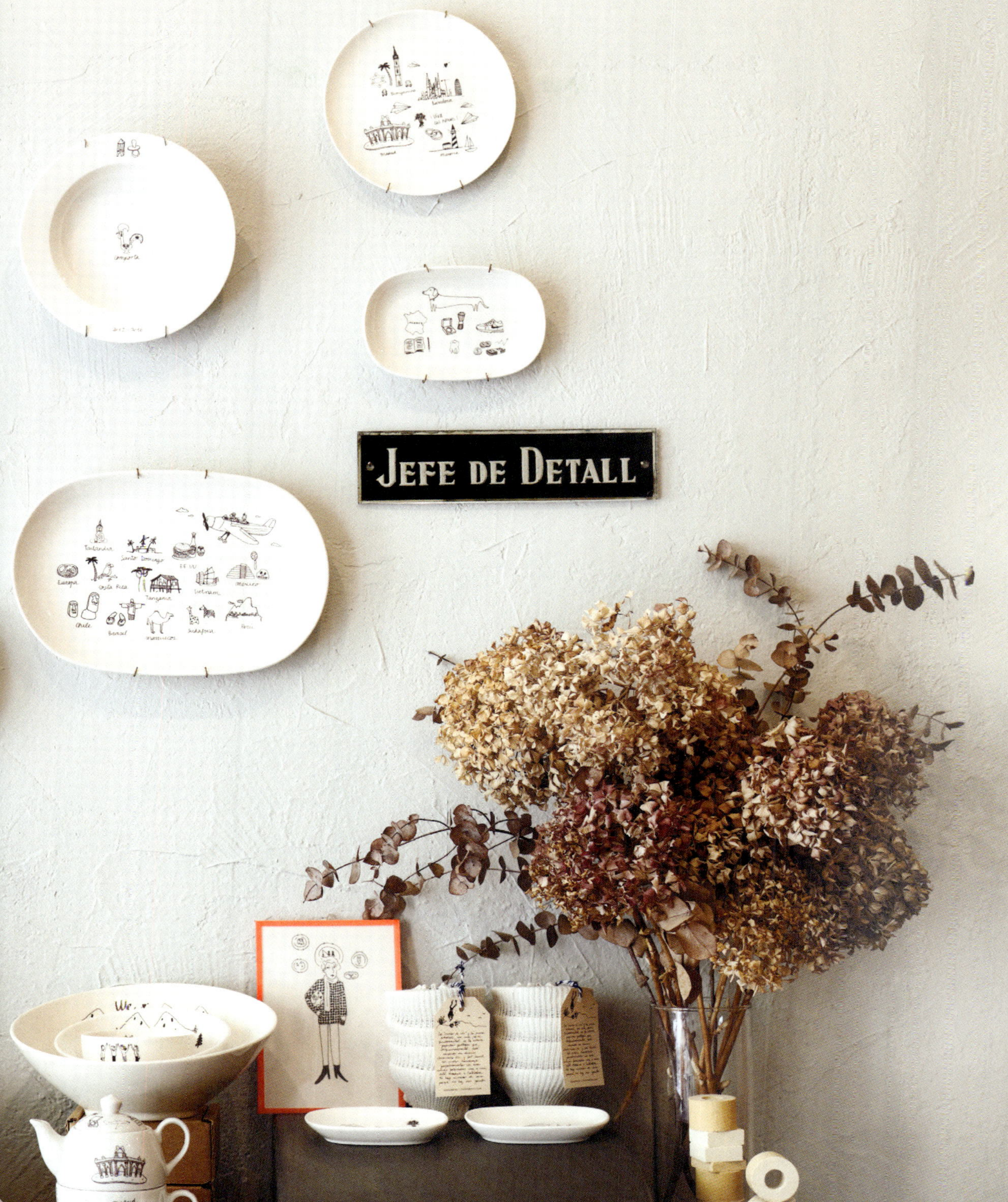
JEFE DE DETALL

SCHLUSSWORT

In diesem Buch habe ich alles vor Ihnen ausgebreitet, was ich im Laufe der Jahre bei meiner Arbeit als Keramikerin gelernt habe. Ich hoffe, dass die vielen Informationen Ihnen von Nutzen sind. Machen Sie sich das davon zu eigen, womit Sie persönlich etwas anfangen können, aber hören Sie auch auf Ihre Intuition.

Die Welt der Keramik übt eine magische Anziehungskraft aus und bietet unendlich viele Gestaltungsmöglichkeiten. Die Bereiche zu finden, in denen Sie Ihre Talente in dieser Welt entfalten können, liegt allein bei Ihnen.

Genießen Sie den Weg dahin!

DANK

Nur gut, dass ich niemals einen Oscar gewinnen werde, ich wäre garantiert eine dieser entsetzlichen Nervensägen, die selbst den Nachbarshund noch in der Dankesrede erwähnen müssen. Wenn man Erfolg hat, dann ist man dankbar dafür und es kommen einem unendlich viele Menschen in den Sinn, die dazu beigetragen haben und Anerkennung dafür verdienen. Dennoch will ich mich kurzfassen.

Ich danke Aina von meinem Verlag GG dafür, dass sie mir diese wunderbare Möglichkeit eröffnet hat. Außerdem meinen wundervollen Eltern, weil ich ohne ihre bedingungslose Unterstützung nicht so viele Umwege hätte gehen können, die mich schließlich an das Ziel gebracht haben, an dem ich endlich glücklich bin mit dem, was ich tue. Und allen meinen Freund:innen, weil sie an mich und mein Projekt geglaubt haben, als ich es brauchte. Mein Dank gilt María de Andrés, weil sie mir geholfen hat, wenn ich Zweifel hatte. Der Familie González für ihr wunderbares Haus, in dem es so leicht war, Inspiration zu finden. Meinem *«monete» de cara azúl* für seine Ratschläge, seine Gesellschaft und Unterstützung, die Geduld und all das Brennholz, mit dem das Haus immer herrlich warmgehalten wurde. Und natürlich auch Ihnen herzlichen Dank dafür, dass Sie dieses Buch gekauft haben.

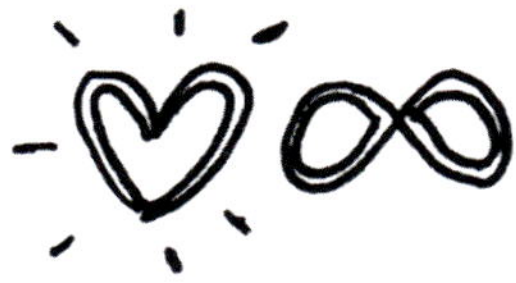

WEITERE BÜCHER AUS DEM HAUPT VERLAG

Haupt ist ein führender Verlag im Bereich **Gestalten**. Unter www.haupt.ch finden Sie unser Gesamtverzeichnis und Online-Leseproben.

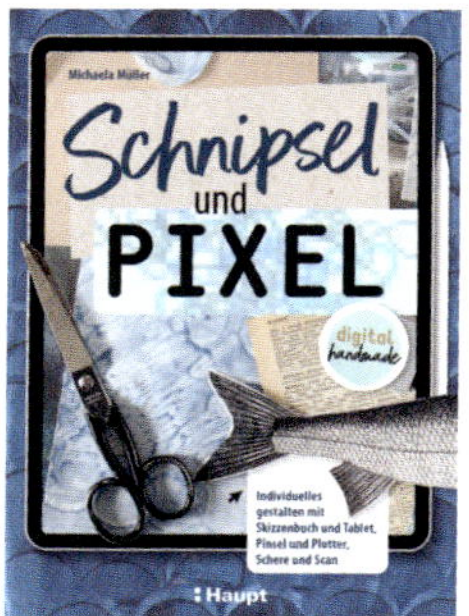

Michaela Müller
Schnipsel und Pixel
Individuelles gestalten mit Skizzenbuch und Tablet, Pinsel und Plotter, Schere und Scan – digital handmade
ISBN 978-3-258-60253-0

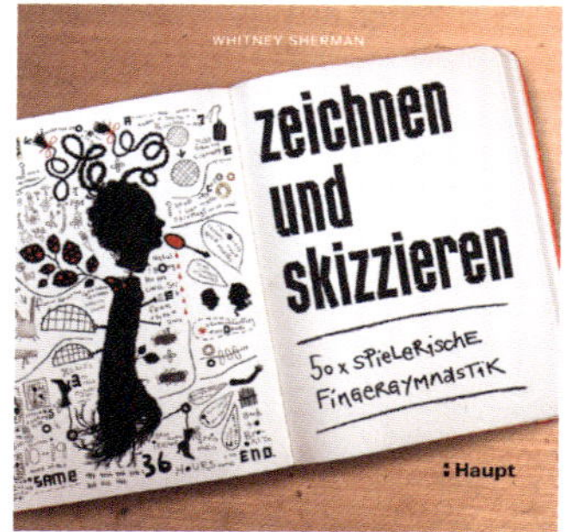

Whitney Sherman
zeichnen und skizzieren
50 × spielerische Fingergymnastik
ISBN 978-3-258-60111-3

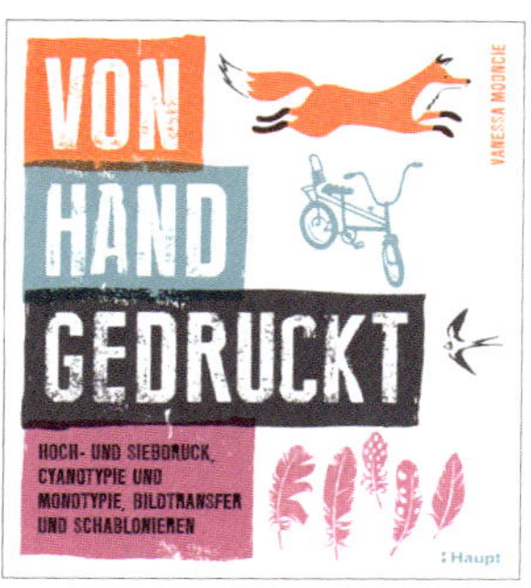

Vanessa Mooncie
Von Hand gedruckt
Hoch- und Siebdruck, Cyanotypie und Monotypie, Bildtransfer und Schablonieren
ISBN 978-3-258-60183-0

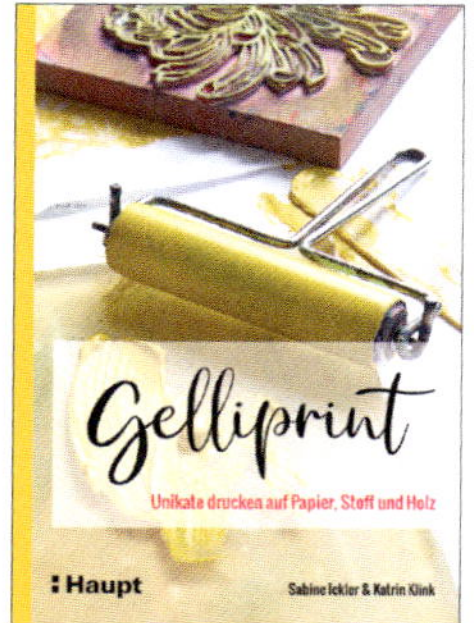

Sabine Ickler / Katrin Klink
Gelliprint
Unikate drucken auf Papier, Stoff und Holz
ISBN 978-3-258-60242-4

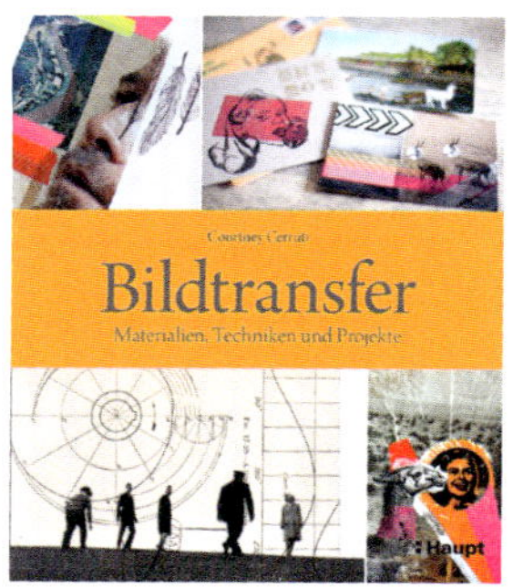

Courtney Cerruti
Bildtransfer
Materialien, Techniken und Projekte
ISBN 978-3-258-60109-0

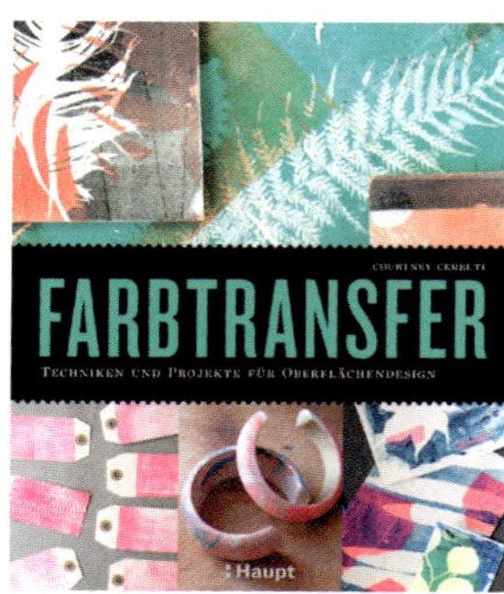

Courtney Cerruti
Farbtransfer
Techniken und Projekte für Oberflächendesign
ISBN 978-3-258-60146-5

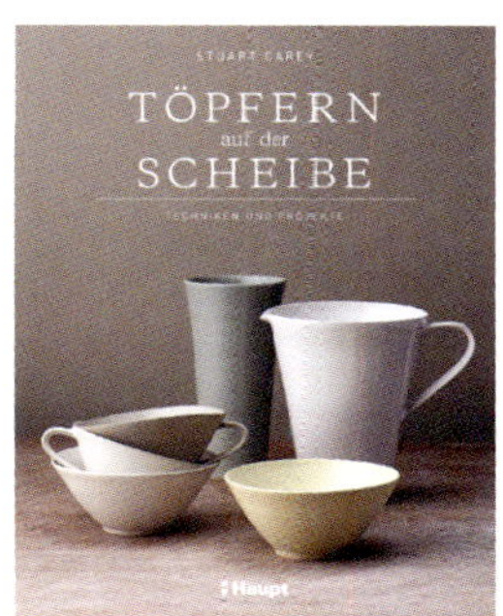

Stuart Carey
Töpfern auf der Scheibe
Techniken und Projekte
ISBN 978-3-258-60210-3

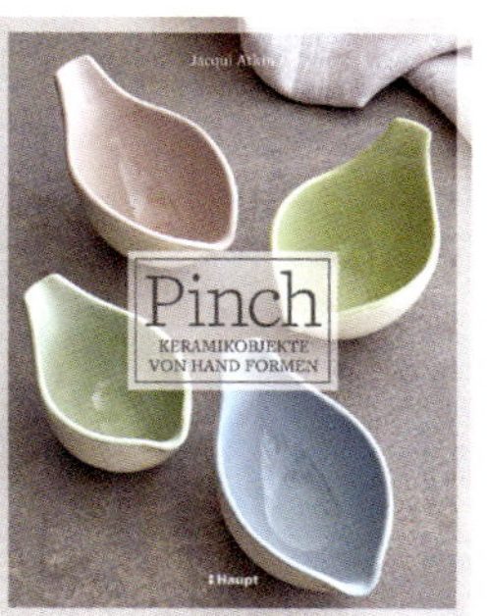

Jacqui Atkin
Pinch – Keramikobjekte von Hand formen
ISBN 978-3-258-60251-6

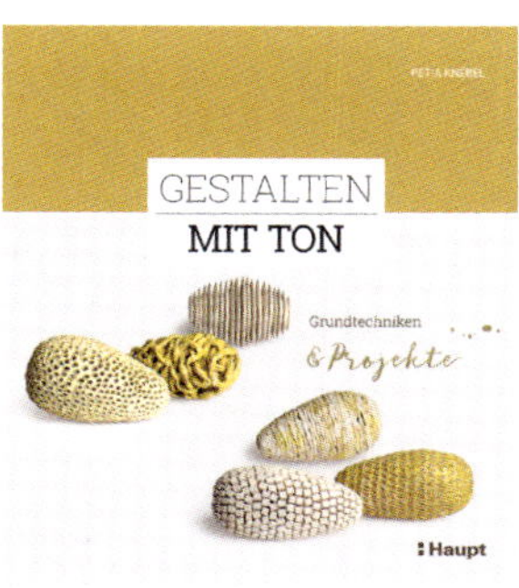

Petia Knebel
Gestalten mit Ton
Grundtechniken und Projekte
ISBN 978-3-258-60193-9

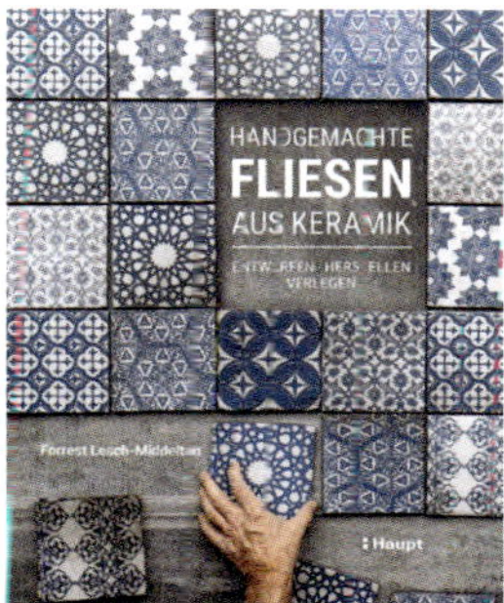

Forrest Lesch-Middelton
Handgemachte Fliesen aus Keramik
entwerfen, herstellen, verlegen
ISBN 978-3-258-60218-9

Energiespartipps

Energie ist inzwischen ein kostbares Gut. Ohne große Einschränkungen lässt sich auch in der Keramikwerkstatt noch einiges einsparen, speziell bei den unterschiedlichen Brenndurchgängen.

— Bitte brennen Sie nur wirklich gelungene Teile.

— Etwas kleinere, zartere Objektformate sind meist genauso schön wie große, schwere.

— Brennen Sie Ware nicht höher und länger, als verwendete Massen und Glasuren erfordern.

— Beladen Sie die Brennkammer möglichst immer komplett.

— Setzen Sie alte, schlecht isolierte Brennöfen nicht mehr ein.

— Fahren Sie Elektroöfen falls möglich in Randzeiten mit schwacher Netzauslastung hoch, beispielsweise am Wochenende.

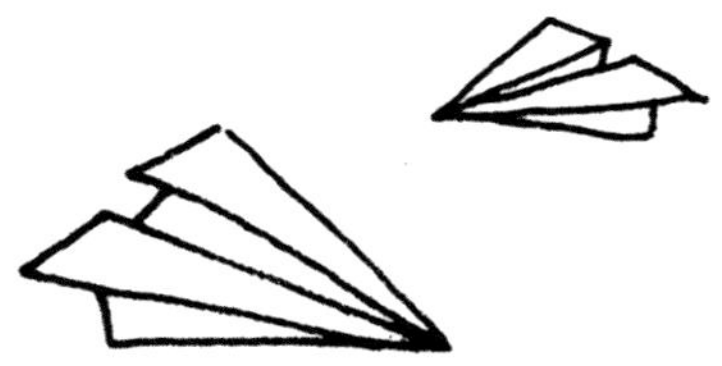

1. Auflage: 2023

ISBN 978-3-258-60269-1

Aus dem Spanischen übersetzt von Beate Wellmann, DE-Heidelberg
Lektorat der deutschsprachigen Ausgabe: Monika Krumbach, DE-Nürnberg
Satz der deutschsprachigen Ausgabe: Die Werkstatt Medien-Produktion GmbH, DE-Göttingen
Umschlaggestaltung der deutschsprachigen Ausgabe: Tanja Frey, Haupt Verlag, Bern
Fotografien: Lucia Marcano Álvarez
Layout: Toni Cabré

Die spanische Originalausgabe erschien 2021 unter dem Titel *Decoración con calcas cerámicas de Chichinabo – Todo lo que debes saber para decorar tus propias piezas* bei Editorial GG, SL, Barcelona, Spanien

Gedruckt in Slowenien

Wir verwenden FSC®-zertifiziertes Papier. FSC® sichert die Nutzung der Wälder gemäß sozialen, ökonomischen und ökologischen Kriterien.

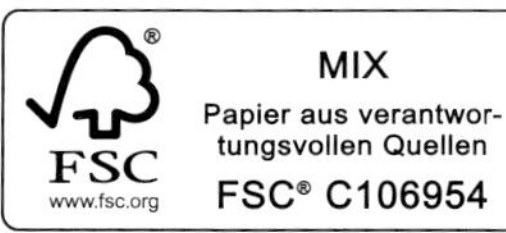

Diese Publikation ist in der Deutschen Nationalbibliografie verzeichnet. Mehr Informationen dazu finden Sie unter http://dnb.dnb.de.

Der Haupt Verlag wird vom Bundesamt für Kultur für die Jahre 2021–2024 unterstützt.

Wir verlegen mit Freude und großem Engagement unsere Bücher. Daher freuen wir uns immer über Anregungen zum Programm und schätzen Hinweise auf Fehler im Buch, sollten uns welche unterlaufen sein. Falls Sie regelmäßig Informationen über die aktuellen Titel im Bereich Gestalten erhalten möchten, folgen Sie uns über Social Media oder bleiben Sie via Newsletter auf dem neuesten Stand!

www.haupt.ch